FÜR UNS!

DIESES BUCH GEHÖRT:

....

....

....

....

CHRISTIANE KÜHRT

YUMMY BACKEN!

LIEBLINGSREZEPTE FÜR DIE GANZE FAMILIE

LIEBE LECKERBÄCKER!

Was ist herrlicher, als wenn es im ganzen Haus nach Kuchen duftet? Bei uns läutet dieser Duft meistens das Wochenende ein. Wenn ich selbst nicht zum Backen komme, stehen mittlerweile meine Kinder in der Küche und schwingen die Quirle. Kein Fest, an dem es bei uns nicht eine lustige, bunte Torte gibt. Advent ohne Plätzchenbacken? Geht gar nicht. Sommer ohne Obstkuchen? Ebenso wenig. Selbst gebackenes Brot – dafür liebt mich meine Familie. Und gerade in turbulenten Zeiten gibt's bei uns ein paar schnell gerührte Muffins oder einen einfachen Marmorkuchen. Ein gemeinsamer Kaffeklatsch bringt kurz Ruhe in den hektischen Alltag und gibt neue Energie.

Sie finden in diesem Buch mehr als 100 familienfreundliche, viele einfache und klassische Backrezepte. Zwei Drittel davon sind in weniger als einer halben Stunde im Ofen. Wer braucht da noch Fertigkuchen? Aufwendige Kuchen und Torten fehlen, aber auch richtig gesunde Rezepte – also mit Vollkornmehlen, ohne Zucker oder in besonders nährstoffreichen Zusammensetzungen – werden Sie hier nur wenige finden. Ungesund sind die Rezepte dennoch nicht, denn sie werden ausschließlich mit guten Zutaten gebacken. Ein leckeres Stück Kuchen mit Bedacht und Freude genossen, das ist Futter für die Seele. Ganz besonders, wenn es in netter Gesellschaft genascht wird. Gönnen Sie sich und Ihrer Familie dieses Glück und Sie werden spüren: Liebe geht durch den Magen.

Viel Spaß beim Backen & Genießen wünscht

Christiane Kührt

Christiane Kührt

INHALT

GEWUSST WIE 4

QUICK & EASY 16

OMAS KÜCHENSCHÄTZE 40

MMH WIE MULTIKULTI 62

FÜR FESTE & GÄSTE 84

DIE MINI-BÄCKER 112

IT'S CHRISTMAS TIME 138

PIKANT AUS DER HAND 168

REGISTER & CO. 196

GEWUSST WIE

Mit guten Rezepten ist Backen auch ohne theoretisches Wissen ein Kinderspiel. Aber vielleicht interessiert es Sie ja, woraus die unterschiedlichen Teigarten bestehen und was sie unterscheidet. Oder Sie möchten ein paar Profitricks und Kniffe lernen, zum Beispiel wie Kuchen besonders locker werden, wie man sie leicht aus der Form bekommt oder wie man trockenen oder zu dunkel gebackenen Kuchen noch retten kann. Vielleicht möchten Sie wissen, womit sich Torten und Gebäck schön verzieren lassen oder was es beim Backen mit Kindern zu beachten gibt. Das alles und noch mehr steht auf den folgenden Seiten.

YUMMY!

WER WILL GUTEN KUCHEN BACKEN ...

... der muss haben sieben Sachen – heißt es in dem bekannten Kinderlied. Eigentlich reichen für einen guten Kuchen schon vier Zutaten, nämlich Mehl, Butter, Zucker und Eier, alle anderen sind zum Verfeinern und sorgen für Abwechslung. Hier ein kleiner Überblick:

MEHL gibt es in unterschiedlichen Sorten und es kommen immer mehr Spezialmehle in den Handel. Als Universalmehl ist Weizenmehl Type 405 oder das für viele verträglichere Dinkelmehl Type 630 zu empfehlen. Diese Mehle haben gute Klebereigenschaften, Kuchen werden schön feinporig und locker. Je höher die Typennummer ist, umso mehr wurde von den Außenschichten des Korns mitgemahlen und umso dunkler ist das Mehl. Damit ist es zwar gesünder, aber der Geschmack des Gebäcks wird dadurch herzhafter und die Konsistenz fester.

BUTTER ODER MARGARINE? Das ist für mich reine Geschmackssache. Ich persönlich liebe Butter. Für manche ist auch entscheidend, ob sie lieber pflanzliche oder tierische Fette zu sich nehmen möchten. Gute Backergebnisse erzielt man mit beiden. Allerdings Vorsicht bei fettreduzierten Produkten: Nicht alle eignen sich zum Backen.

ZUCKER gibt es aus Zuckerrohr und Zuckerrübe. Als raffinierter Haushaltszucker ist er weiß, einfach süß und passt zu jeder Art von Gebäck. Aus raffiniertem Rübenzucker wird brauner Zucker, indem ihm Karamellsirup zugesetzt wird. Vollrohrzucker oder Rohrohrzucker wird weniger kristallisiert, deshalb haftet ihm von Natur aus Sirup an, der leicht malzig schmeckt. Er enthält im Gegensatz zu weißem Zucker noch geringe Mengen an Mineralstoffen.

EIER kaufe ich gerne beim Bauern und in Bio-Qualität. Dabei habe ich ein gutes Gewissen und ich finde, sie schmecken einfach besser. Meistens habe ich Größe L im Kühlschrank. Nachdem Eier den Teig locker machen, dürfen es ruhig die großen sein.

GEWÜRZE UND AROMEN wie Vanille, Zimt, Anis, Kardamom, Zitrusschale, Vanille-, Rum- oder Bittermandelaroma: Mit diesen Zutaten dürfen Sie kreativ sein und Ihrem Kuchen eine persönliche Note geben. Bei herzhaftem Gebäck haben Sie sogar noch mehr Möglichkeiten, denn da kommen neben pikanten Gewürzen auch noch Kräuter ins Spiel.

NÜSSE UND KERNE wie Walnüsse, Haselnüsse, Mandeln, Pistazien, Cashew-, Kürbis- oder Sonnenblumenkerne machen Rührteige aromatisch. Grob gehackt, machen sie Teige oft saftiger. Am besten hacken oder mahlen Sie die Nüsse kurz vor der Zubereitung im Blitzhacker – sie schmecken dann einfach frischer. Gehackte Nüsse sind auch ein hübscher Blickfang als Topping auf der Torte.

BACKPULVER ODER NATRON?

Backpulver ist eine Kombination von Natron und Säure und lässt den Teig in die Höhe gehen. Für Gebäcke, in denen saure Zutaten wie saure Sahne oder Buttermilch enthalten sind, kann man auch pures Natron als Backtriebmittel verwenden.

+ I-TÜPFELCHEN

1 PRISE SALZ,
DENN DAS WIRKT
ALS GESCHMACKS-
VERSTÄRKER.

1 EL Mehl = 10 g

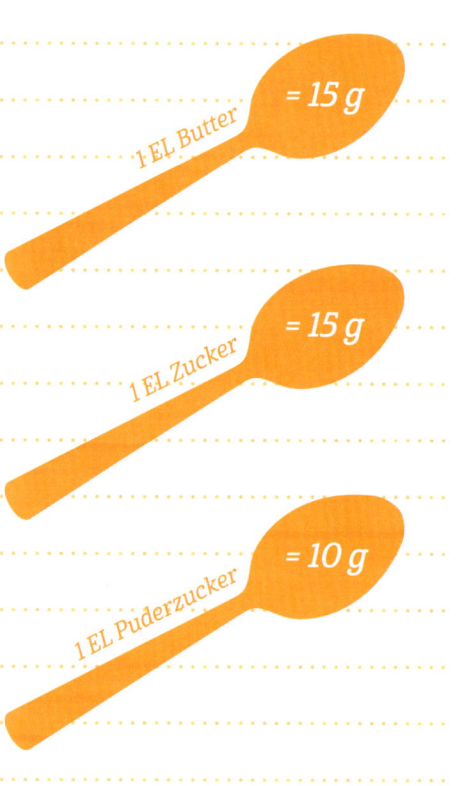

1 EL Butter = 15 g

1 EL Zucker = 15 g

1 EL Puderzucker = 10 g

TIPPS & TRICKS FÜR PERFEKTE BACKERGEBNISSE

GENAUIGKEIT IST TRUMPF. Beim Backen hilft kein Augenmaß, für perfekte Kuchen braucht man immer eine Waage und einen Messbecher. Nur wer sich genau an die Rezepte hält, geht sicher, dass der Kuchen gelingt.

BACKZEITEN KÖNNEN VARIIEREN. Der eine hat ein Hightechwunder in der Küche, der andere noch ein altes Ofenmodell, bei dem vielleicht die Temperaturanzeige nicht mehr genau funktioniert – jeder Ofen backt anders. So können die Backzeiten, die in den Rezepten angegeben sind, nur Richtwerte sein. Behalten Sie deshalb den Kuchen immer im Auge, reduzieren Sie die Hitze, falls die Oberfläche zu dunkel wird, und machen Sie kurz vor Ende der Backzeit immer eine Garprobe.

STÄBCHENTEST UND ANDERE GARPROBEN. Bei Rührteigen hat sich die Stäbchenprobe bewährt: Stecken Sie ein Holz- oder Metallstäbchen in die höchste Stelle des Kuchens. Bleibt Teig daran kleben, muss das Gebäck noch im Ofen bleiben. Ist das Stäbchen sauber, ist der Kuchen fertig. Plätzchen sind gar, wenn die Oberfläche hell- oder goldbraun ist. Biskuitteig löst sich in der Regel vom Rand, wenn er durchgebacken ist, drückt man mit dem Finger darauf, gibt es keine Druckstelle. Brot, Hefeteig und Quark-Öl-Teig mithilfe eines Pfannenwenders etwas hochheben: Ist die Fläche gebräunt und klingt sie beim Dagegenklopfen leicht hohl, ist das Gebäck gar.

BACKFORMEN IMMER EINFETTEN. Backformen gibt es aus unterschiedlichen Materialien. Aber alle, auch die beschichteten, müssen eingefettet werden. Dafür verwendet man ganz klassisch streichfähige Margarine oder Butter, aber auch neutrales Öl oder ein Backtrennspray ist möglich. Wer mag, streut die Form danach noch mit Semmelbröseln, Haferflocken oder gemahlenen Nüssen aus. Mein persönlicher Favorit sind Mandelblättchen. Aber Achtung: Soll der Kuchen glasiert werden, ist das Ausstreuen, egal mit welchen Zutaten, nicht empfehlenswert. Mein Tipp: Die Form mit reichlich Butter einfetten und etwa 10 Minuten in das Tiefkühlfach stellen. So wird das Fett hart und bildet anfangs eine abweisende Fettschicht, die sich im Ofen erst langsam auflöst.

IN WELCHER BACKFORM BACKT MAN AM BESTEN? Formen aus Weißblech leiten nicht so gut und sind deshalb eher für Gasherde geeignet. Schwarzblechformen bräunen gut, je nach Qualität manchmal aber nicht gleichmäßig. Aus antihaftbeschichteten Formen löst sich das Gebäck am besten. Es gibt sie in unterschiedlichen Materialien und Qualitäten. Je höher der Preis, desto besser in der Regel die Qualität einer Backform und desto langlebiger ist sie. Und die trendigen Silikonformen? Darin werden die Kuchen nicht so knusprig, sie sind aber die einzigen Backformen, die in die Spülmaschine dürfen.

BACKEN IN DEKOFORMEN. Kinder lieben Kuchen in lustigen Formen. Aber wie findet man ein Rezept für Enten-, Teddy- oder Herzformen mit den richtigen Zutatenmengen? Ganz einfach, indem Sie die Form mit Wasser auslitern. Ein Beispiel: Passen in Ihre übliche Springform etwa 1½ Liter Wasser und in die Dekoform ¾ l, dann müssen Sie die Zutatenmenge des Backrezepts halbieren.

BACKPAPIER UND BACKMATTEN. Backpapier spart das Einfetten des Backblechs und macht das Schrubben nach dem Backen überflüssig. Umweltfreundlicher, weil man sie immer wieder verwenden kann, sind Backmatten aus Kunststoff und Dauerbackpapier.

DIE RICHTIGE OFENEINSTELLUNG. Die gebräuchlichste Ofeneinstellung, bei denen alle Teigarten gelingen, ist Ober- und Unterhitze. Deshalb sind alle Rezepte in diesem Buch mit dieser Ofeneinstellung gebacken worden. Sollen mehrere Bleche Plätzchen auf einmal gebacken werden, ist Umluft möglich. Muffins werden dagegen bei Umluft gerne windschief, Biskuitteige können trocken und brüchig werden. Bei den meisten Gebäckarten spielt die Ofeneinstellung keine größere Rolle. Beachten Sie: Weil die Wärmeverteilung anders ist, muss die Temperatur bei Umluft immer etwa 10 Prozent niedriger eingestellt werden.

NÜTZLICHE BACKUTENSILIEN. Zum Kuchenbacken braucht man keine teure Küchenmaschine, ein Handrührgerät reicht völlig. Ein leistungsstarker Motor, der auch feste Teige mühelos knetet, ist allerdings von Vorteil. Um den Kuchen leichter aus der Form zu bekommen, ist ein Kuchenlöser aus Kunststoff praktisch, mit ihm lässt sich auch in beschichteten Formen der Rand lösen. Zum Abkühlen ist ein Kuchengitter perfekt, denn so bekommt auch der Boden beim Abkühlen Luft und wird nicht klebrig. Die meisten Kuchengitter sind gleichzeitig Kuchenheber, die Tortenböden ohne Schaden auf die Tortenplatte transportieren. Mit einer langen Palette oder einem Glasurmesser lassen sich Guss, Cremes und Sahne gleichmäßig auf Kuchen und Torten verteilen.

KUVERTÜRE SANFT ERHITZEN. Kuvertüre ist eine Schokolade mit viel Kakaobutter, die sich besonders gut zum Verzieren eignet. Wie alle Schokoladen darf man sie nur bei schwacher Hitze schmelzen, sonst klumpt sie. Damit die Kuvertüre für Glasuren nicht trüb, sondern schön glänzend wird, muss man sie besonders behandeln. Temperieren nennen es die Konditoren: erst die Kuvertüre im warmen Wasserbad bei schwacher Hitze unter häufigem Umrühren langsam schmelzen. Aus dem Wasserbad nehmen und abkühlen lassen, bis sie nur noch lauwarm ist. Danach noch mal vorsichtig erhitzen und erst dann verwenden.

1 EL Sahne
= 15 g

1 EL gemahlene Nüsse
= 5 g

1 EL gehackte Nüsse
= 10 g

KUCHEN AUF VORRAT

Alle trockenen Kuchen aus Biskuit, Rühr- und Hefeteig lassen sich problemlos einfrieren und bei Zimmertemperatur wieder auftauen.

KLEINE TEIGKUNDE

Jede Teigart hat ihre Besonderheiten. Hier die vier häufigsten Teige mit ihrem Grundrezept sowie Tipps und Kniffe, wie sie besonders gut gelingen – für perfekten Kuchengenuss!

BISKUIT – der Tortenspezialist

Biskuit für Torten, Schnitten oder Obstkuchen soll zart und locker werden. Deshalb kommen viele Eier in den Teig, die dann getrennt werden, um die Eiweiße zu steifem Schnee zu schlagen und die Eigelbe mit Zucker dickschaumig zu rühren. Dabei kommt viel Luft in die Masse. Sie sorgt dafür, dass sich der Teig beim Backen ausdehnt und das wirkt quasi als Backtriebmittel, weshalb Backpulver überflüssig ist. Mehl und Eischnee werden nur kurz unter die Eigelbmasse gerührt. Je nach Rezept kommt noch etwas zerlassene Butter dazu. Den Teig gleich in den Ofen schieben, damit er nicht zusammenfällt.

+ GRUNDREZEPT

Für 1 Springform mit 26 cm Durchmesser
6 Eier · 175 g Zucker · 150 g Mehl · 90 g zerlassene Butter

BISKUIT-TIPPS:

+ Mehl und Eischnee wirklich nur ganz kurz unter die Eigelbmasse rühren, sonst verliert der Teig seine Luftigkeit.

+ Den Backofen rechtzeitig vorheizen, damit der Teig nicht lange steht und dabei unnötig Luft entweicht.

+ Damit gebackener Biskuit nicht klebrig wird, immer auf einem Kuchenrost auskühlen lassen.

RÜHRTEIG – der universelle Pfundkuchen

+ GRUNDREZEPT

Für 1 Kasten- oder Gugelhupfform
5 Eier · 150 g Zucker · 300 g Butter · 300 g Mehl

Früher nannte man Rührkuchen auch Pfundkuchen, weil auf ein Pfund Eier (etwa acht Stück), je ein Pfund Zucker, Butter und Mehl kommt. Den Zucker reduziert man in modernen Rezepten, die restlichen Zutaten behalten jedoch das Verhältnis zueinander. Wie Biskuit wird auch der Rührteig ohne Backpulver leicht und locker, wenn man die Eier vorher trennt. Erst die Eigelbe mit dem Zucker und der weichen Butter dickschaumig aufschlagen, dann den Eischnee und das Mehl nur ganz kurz unterrühren.

RÜHRTEIG-TIPPS:

+ Wenn alle Zutaten für den Teig Zimmertemperatur haben, verbinden sich die Zutaten am besten.

+ Das Mehl immer zuletzt unter den Teig mischen und danach nicht mehr lange rühren, sonst entwickelt das Mehl zu starken Kleber und der Teig wird klebrig.

+ Das Grundrezept lässt sich mit Nüssen, Schokolade, Kakao, getrockneten oder frischen Früchten und Gewürzen nach Herzenslust variieren. Kommen schwere Zutaten in den Teig, noch 1 bis 2 TL Backpulver zum Mehl geben.

MÜRBETEIG –
für Kekse und knusprige Böden

Mürbeteig nennt man auch Eins-zwei-drei-Teig. Nicht nur, weil er so schnell geknetet ist, sondern weil man sich damit die Zusammensetzung merken kann: 1 Teil Zucker, 2 Teile Butter und 3 Teile Mehl. Dazu ein Ei, damit sich der Teig schneller verbindet, man kann es aber auch weglassen. Beim Mürbeteig werden alle Zutaten gleichzeitig verknetet. Soll der Teig ausgerollt werden, muss er vorher noch durchkühlen.

+ GRUNDREZEPT

Für 1 Springform mit 28 cm Durchmesser
300 g Mehl · 200 g Butter · 100 g Zucker · 1 Ei

MÜRBETEIG-TIPPS:

+ Die meisten Rezepte werden mit kalter Butter zubereitet, denn wird Mürbeteig warm, klebt er und lässt sich nicht mehr ausrollen. Ich nehme lieber weiche Butter, weil sich die einfacher unterkneten lässt. Wichtig ist nur: Mit dem Kneten aufhören, sobald ein glatter Teig entstanden ist! Durch zu langes Kneten trennen sich Mehl und Butter voneinander, der Teig würde zäh und krisselig.

+ Für einen Kuchen drücke ich den Teig dann ganz simpel mit den Händen in die Backform. Möchte ich ihn, etwa für Plätzchen, ausrollen, kommt der Teig vorab zum Kühlen in den Kühlschrank. Dazu den Teig zu einer dicken, rechteckigen Platte formen und in Folie verpackt in den Kühlschrank stellen. So kühlt er schneller durch und lässt sich leichter ausrollen. Im Kühlschrank lässt er sich auch gut 2 Tage lagern.

+ Zu viel Mehl macht Mürbeteig brüchig. Deshalb: statt auf Mehl zwischen zwei Lagen Backpapier ausrollen.

HEFETEIG –
ganz leicht und locker

+ GRUNDREZEPT

Für 1 Backblech
1 Würfel Hefe (42 g) · 60 g Zucker · ¼ l Milch
500 g Mehl · 2 Eier · 50 g Butter

Vor Hefeteig hatte ich immer großen Respekt. Dabei ist er kinderleicht zu machen, man braucht allerdings etwas Zeit, denn Hefe benötigt zwischendurch Ruhe, damit sie perfekt arbeiten kann. Zuerst wird die Hefe mit etwas Zucker und warmer Milch zu einem Vorteig verrührt, der etwa 15 Minuten gehen sollte. Dann die Hefemischung mit den restlichen Zutaten zu einem glatten Teig verkneten und diesen zugedeckt etwa 1 Stunde gehen lassen. Erneut durchkneten, ausrollen oder in Form bringen, je nach Rezept belegen und dann vor dem Backen nochmals kurz gehen lassen.

HEFETEIG-TIPPS:

+ Alle Zutaten sollten Zimmertemperatur haben. Die Milch für den Hefeteig soll nur lauwarm, niemals heiß sein. Zu hohe Temperaturen zerstören die Hefekulturen und der Teig geht nicht mehr auf.

+ Sie können Hefeteig auch am Vorabend zubereiten und ihn dann im Kühlschrank gehen lassen. Die Hefebakterien arbeiten nämlich auch bei Kälte – nur langsamer.

+ Hefe aus dem Tütchen: Trockenhefe wurde die Feuchtigkeit entzogen und die bekommt sie wieder durch die Teigzutaten. Sie ist praktisch, weil sie einfach nur unters Mehl gemischt wird. Ich persönlich liebe den Geruch der frischen Hefe, habe Trockenhefe aber immer im Vorrat. Die Backergebnisse sind bei beiden gleich.

KUCHENDEKO FÜR ZU HAUSE

Backen ist trendy und so gibt es im Supermarkt jede Menge Hilfsmittel, die aus einfachen Kuchen im Handumdrehen bunte Torten machen. Aber die sind doch zu süß, zu bunt und ungesund, höre ich viele sagen. Kuchen- und Tortendeko gehören natürlich nie zur ausgewogenen Ernährung, aber es ist ja nicht jeder Tag ein Festtag. Also ran an die Kuchendeko – es macht echt Spaß, damit zu experimentieren!

MARZIPANROHMASSE besteht aus geschälten Mandeln und maximal 35 Prozent Zucker. Kurz durchgeknetet, lässt sie sich in unterschiedliche Formen bringen oder als Tortendecke und Muffinüberzug ausrollen. Marzipanrohmasse kann man gut mit Lebensmittelfarbe einfärben, es gibt sie aber bereits gefärbt zu kaufen.

ROLLFONDANT ist eine fertige, elastische Zuckermasse zum Überziehen und Dekorieren von Kuchen, Torten und Muffins. Vor dem Verarbeiten mit den Händen intensiv durchkneten. Ausrollen lässt sich Rollfondant, übrigens ebenso Marzipan, am besten zwischen zwei Lagen Backpapier. Fondant gibt's in verschiedenen Farben, weißer kann individuell eingefärbt werden. Wem Zucker zu langweilig ist: Fondant gibt es auch mit Geschmack, etwa Vanille, Erdbeere oder Banane.

MODELLIERSCHOKOLADE enthält weiße Schokolade und schmeckt auch danach. Sie lässt sich ebenso wie Marzipanrohmasse und Fondant weich kneten, modellieren, ausrollen und ausstanzen. Ihr Vorteil gegenüber den beiden anderen: Sie hält auch auf Sahne. In verschiedenen Farben erhältlich.

LEBENSMITTELFARBEN gibt es als Pulver und Pasten. Damit kann man Zuckerguss, Fondant, Modellierschokolade, Kuchenteige, Flüssigkeiten und Cremes wunderbar einfärben. Die Farben sind backfest, geschmacks- und geruchsneutral und lassen sich auch untereinander mischen. Manche sind sehr intensiv, also anfangs sparsam einsetzen. Wer keinen Wert auf leuchtende Farben legt, kauft Biofarben. Die färben sanfter mit natürlichen Zutaten wie Roter Bete, Kurkuma oder Matcha.

ZUCKERDEKORE werden in allen erdenklichen Formen und Farben angeboten. Achten Sie aufs Etikett: Nicht alle darf man mitbacken, manche lösen sich auf, wenn sie mit Sahne oder Cremes in Verbindung kommen. Zum Verzieren bietet auch das Süßigkeitenregal eine interessante Auswahl – von bunten Schokolinsen über Mini-Marshmallows bis hin zu lustigen Fruchtgummitieren.

ZUCKERSCHRIFT aus der Tube gibt es in unterschiedlichen Farben, mittlerweile sogar in Gold und Silber. Eine besonders gute Konsistenz zum Malen und Beschriften haben weiße und braune Zuckerschrift.

PERFEKT DEKORIEREN

Kuchen und Torten vor dem Verzieren auf einen stabilen Kuchenkarton stellen, damit sie beim Transport auf die Servierplatte keinen Schaden nehmen. Oder: gleich auf die Platte stellen und Butterbrotpapierstreifen seitlich unter den Kuchen schieben. Diese lassen sich nach dem Verzieren fix herausziehen.

MARZIPAN
ROH-
MASSE

ROLL-
FONDANT

LEBENSMITTEL-
FARBEN

ZUCKER-
SCHRIFT

ZUCKERDEKORE

MODELLIER-
SCHOKOLADE

SCHNELLE PANNENHILFE

DER KUCHEN STECKT IN DER FORM FEST

Lassen Sie Kuchen immer erst in der Form etwas abkühlen. Dann lösen Sie ihn am besten mit einem Kuchenlöser schon mal vorsichtig vom Rand, bevor Sie ihn zum vollständigen Abkühlen auf ein Kuchengitter stürzen. Bleibt der Kuchen trotzdem in der Form: ein feuchtes Tuch um die Backform legen und einige Minuten bis zum nächsten Versuch warten.

+ DER TEIG LÄSST SICH NICHT AUSROLLEN

Ist der Teig zu klebrig, rundherum mit Mehl bestäuben und zwischen zwei Lagen Backpapier ausrollen. Hilft das nicht: einfach 20 Minuten in die Tiefkühltruhe legen, danach mit Mehl bestäuben und ausrollen. Ist der Teig zu trocken, einfach ein paar Esslöffel kaltes Wasser unterkneten.

KEIN BACKPULVER IM VORRAT

Bei Rührteigen einfach die Eier trennen. Eiweiße zu steifem Eischnee schlagen und die Eigelbe dickschaumig aufschlagen. Die Luft in den Eiern wirkt dann als Backtriebmittel und ersetzt das Backpulver.

DIE GELATINE KLUMPT

Klümpchen in der Gelatine lassen sie sich manchmal mit dem Stabmixer wegpürieren. Damit es nicht passiert: immer erst ein paar Löffel von der Masse, die man gelieren möchte, unter die aufgelöste Gelatine rühren. Diese Mischung dann unter die übrige Masse rühren.

Der Kuchen ist zu trocken oder zerbrochen

Rührkuchen, der zu trocken geworden oder zerbrochen ist, kann mit etwas Saft getränkt werden. Dafür den Kuchen mit einem Holzstäbchen mehrmals einstechen und vorsichtig mit Saft begießen. Oder: Verwenden Sie solche Kuchen als Grundlagen für leckere Desserts: Kuchen zerkrümeln, in Dessertschalen mit etwas Saft beträufeln und mit einer Creme – zum Beispiel aus Joghurt und Schlagsahne oder aus Quark und Mascarpone – bedecken. Auch Früchte schmecken gut dazu.

DER SCHOKOGUSS BRICHT BEIM AUFSCHNEIDEN

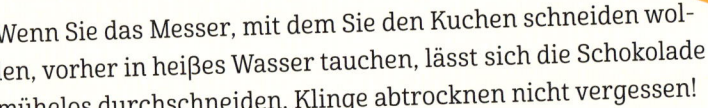

Wenn Sie das Messer, mit dem Sie den Kuchen schneiden wollen, vorher in heißes Wasser tauchen, lässt sich die Schokolade mühelos durchschneiden. Klinge abtrocknen nicht vergessen!

DER MÜRBETEIG IST GEBROCHEN

Bestreichen Sie einen zerbrochenen Mürbeteigboden mit geschmolzener weißer oder dunkler Kuvertüre. Sobald sie trocken ist, hält sie den Boden zusammen. Kekse, die nach dem Backen zerbrochen sind, über Desserts streuen oder als Grundlage für ein Schichtdessert mit Creme und Früchten nutzen.

DER KUCHEN IST ZU DUNKEL

+ Die Oberfläche mit Puderzucker bestäuben, mit Zuckerguss oder Schokoglasur überziehen.

+ Verbrannte Oberflächen vorher abschneiden, sie schmecken bitter.

BACKEN MIT KINDERN

Spätestens, wenn sie die Rührquirle in der Schüssel klappern hören, stehen sie zum Schüssel-Auslecken in der Küche – die lieben Kleinen! Warum nicht gleich gemeinsam backen? Ein Backnachmittag kann viel Spaß machen und ist so lehrreich, denn Backen fördert alle Sinne. Kinder, die mithelfen, sind selbstständiger, trauen sich mehr zu und fühlen sich ernst genommen. Auch das Ernährungsbewusstsein wird gestärkt: Wer selbst backt, der sieht, wie viel Zucker, Butter und Schokolade in den Kuchen kommen und kann besser verstehen, dass nach dem zweiten Stück lieber Schluss sein sollte.

FRÜH ÜBT SICH ...

Mithelfen können schon die Kleinsten. Zum Beispiel Plätzchen ausstechen, Obstkuchen belegen, unempfindliche Teige wie Hefe- oder Quark-Öl-Teig in Form bringen, Kuchen mit Streusel dekorieren. Vorschulkinder können zusätzlich mit Mamas Hilfe weiches Obst schneiden und Schulkinder schälen und schneiden unter Anleitung fast alles und dürfen auch schon den Mixer bedienen. Egal wie alt die Kinder sind, besprechen Sie mit ihnen immer die Gefahrenquellen in der Küche. Klare Anweisungen und Regeln sind hier wichtig. Für Schulkinder, die schon öfter mitgeholfen haben, sind die Rezepte im Kapitel für Mini-Bäcker ab Seite 112 gedacht. Halten Sie sich bei den ersten eigenen Backversuchen der Kids im Hintergrund, und freuen Sie sich an den selbst gemachten Leckereien.

Alternative Süßen

Gebäck lässt sich außer mit Zucker, der übrigens immer nach Belieben reduziert werden kann, mit Honig oder verschiedenen Dicksäften aus Früchten, zum Beispiel Äpfeln oder Birnen, süßen. Die sind aber nicht wesentlich gesünder, haben eine geringere Süßkraft und ein eigenes Aroma. Hier muss jeder für sich die perfekte Menge finden.

(GESÜNDER) BACKEN MIT VOLLKORN

Klassische Backrezepte sind aus gutem Grund mit hellem Weizen- oder Dinkelmehl gebacken, denn sie haben die besten Backeigenschaften. Grundsätzlich lassen sich alle Teige auch mit Weizen- oder Dinkelvollkornmehl, also mit Mehl aus dem ganzen Korn, backen. Aber: Je mehr Randschichten im Mehl vorhanden sind, umso herzhafter wird das Gebäck – und fester. Deshalb muss man mehr Flüssigkeit (z.B. Milch) zum Teig geben, auch etwas zusätzliches Backpulver kann nützlich sein. Roggenmehl ist wegen seines Geschmacks und weil es beim Backen sehr fest wird, eher für Brot und pikantes Gebäck geeignet. Mehle aus Soja, Amarant, Hirse, Emmer und Buchweizen, um nur einige zu nennen, haben eine geringere Backfähigkeit und müssen in der Regel gemischt werden, um gute Backergebnisse zu liefern.

KAPITEL 1

QUICK & EASY

„Kuchen backen? Dafür habe ich viel zu wenig Zeit!" Das höre ich immer wieder. Deshalb startet dieses Kapitel mit zwei 10-Minuten-Tassenkuchen. Alle anderen Rezepte sind in 15, 20 oder höchstens 30 Minuten im Ofen. In so kurzer Zeit läuft man oft nicht mal zum Bäcker und zurück. Meine Ofen-Quickies sind ganz einfach nachzumachen und ideal, wenn man spontan etwas zum Kaffee naschen möchte, die Kinder um Nachtisch betteln oder sich überraschend Besuch ankündigt. Den können Sie dann mit verführerischem Duft begrüßen.

YUMMY!

KÄSE-TASSENKUCHEN

Eine leckere Abwechslung – übrigens auch als Nachtisch – und in blitzschnellen 10 Minuten im Ofen. Schmeckt mit und ohne Früchte.

1 Die Tassen leicht einfetten. Den Quark mit der Sahne vermischen. Die Eier gründlich unterrühren.

2 Den Zucker und das Puddingpulver unter die Quarkmischung rühren. Zuletzt den Zitronensaft untermischen. Die Masse auf die Tassen verteilen und jeweils ein paar Beeren auf die Quarkmasse setzen. Tiefkühlfrüchte dürfen unaufgetaut bleiben.

3 Die gefüllten Tassen auf die mittlere Schiene in den kalten Ofen stellen, dann erst den Backofen auf 180 °C einstellen, damit sich die Tassen langsam an die Hitze anpassen. Die Kuchen im Ofen etwa 35 Minuten backen. Die fertigen Käseküchlein herausnehmen, etwas abkühlen lassen und mit Puderzucker bestäubt servieren.

ZUTATEN

FÜR 4 OFENFESTE CAPPUCCINO-TASSEN
Butter für die Tassen
250 g Magerquark
100 g Sahne
2 Eier
70 g Zucker
1 Päckchen Vanillepuddingpulver
2 EL Zitronensaft
50 g Lieblingsbeeren (frisch oder tiefgekühlt)
Puderzucker zum Bestäuben

 ca. 10 Min.
+ ca. 35 Min. Backzeit

MIT KRÜMELBODEN

Wer Käsekuchen lieber mit Boden mag, zerbröselt Butter- oder Haferflockenkekse, mischt sie mit etwas geschmolzener Butter, füllt die Masse in die Tassen und drückt die Brösel schön fest. Quarkmasse darübergeben und backen.

MIT EISCHNEEDECKE

Die Eier trennen. Die Quarkmasse nur mit den beiden Eigelben zubereiten. Die Eiweiße mit 1 EL Puderzucker zu steifem Schnee schlagen und in den letzten 10 Minuten der Backzeit auf die Oberfläche der Tassenkuchen streichen.

MEHR FRUCHT

Die Beeren nicht mitbacken, sondern die doppelte Menge nach dem Backen auf die Törtchen geben und mit Puderzucker bestäuben. Tiefkühlfrüchte müssen vorher, am besten nebeneinander in einem Sieb, aufgetaut werden.

SCHOKO-TASSENKUCHEN

Statt in Cappuccino-Tassen lässt sich dieser fix gerührte Kuchen auch in kleinen Espresso-Tassen zubereiten und braucht dann nur 15 bis 20 Minuten Backzeit. Ein Sahnehäubchen und ein paar Schokoraspel drauf und schon hat man das perfekte Dessert nach einem schönen Essen.

1 Die Tassen leicht einfetten. Die Butter mit dem Zucker und den Eiern dickschaumig schlagen.

2 Die Schokoraspel und die Nuss-Nugat-Creme unterrühren. Das Mehl und das Backpulver nur kurz unterquirlen und den Teig gleichmäßig auf die Tassen verteilen.

3 Die gefüllten Tassen auf die mittlere Schiene in den kalten Ofen stellen, dann erst den Backofen auf 200 °C einstellen und die Kuchen etwa 25 Minuten backen. Die Schokoküchlein aus dem Ofen nehmen und leicht abgekühlt genießen.

ZUTATEN

FÜR 4 OFENFESTE CAPPUCCINO-TASSEN
Butter für die Tassen
100 g weiche Butter
50 g Zucker
2 Eier
2 EL Schokoraspel
2 EL Nuss-Nugat-Creme
100 g Mehl
1 TL Backpulver

 ca. 10 Min.
+ ca. 25 Min. Backzeit

GANZ EASY

MIT KUVERTÜRE

Statt Schokoraspeln und Nuss-Nugat-Creme 100 g geschmolzene Vollmilch- oder Zartbitterkuvertüre unter den Teig mischen, bevor das Mehl dazukommt.

DOUBLE CHOCOLATE

Zusätzlich zu Nuss-Nugat-Creme und Schokorapseln kann man noch 2 bis 3 EL backfeste Schokotröpfchen unter den Teig rühren.

MIT KIRSCHEN

Füllen Sie den Schokoteig in die Tassen und setzen Sie noch einige unaufgetaute tiefgekühlte Kirschen oder entsteinte frische Kirschen darauf.

HEIDELBEER-MUFFINS

1 Den Backofen auf 180 °C vorheizen. Die Mulden des Muffinblechs mit Papierbackförmchen auslegen.

2 Die Heidelbeeren waschen und abtropfen lassen. Die Butter mit den Eiern und dem Zucker schaumig rühren. Den Quark unterquirlen. Erst das Mehl und Backpulver, dann die Heidelbeeren untermischen. Den Teig in die Papierbackförmchen füllen. Im Ofen auf der mittleren Schiene etwa 20 Minuten backen. Mit Puderzucker bestäubt servieren.

Fruchtwechsel:

Statt Heidelbeeren schmecken auch Erdbeeren, Johannisbeeren, klein geschnittene Äpfel, Birnen, Aprikosen oder Mangos. Im Winter können Sie Tiefkühlbeeren oder Dosenfrüchte verwenden.

ZUTATEN

FÜR 12 MUFFINS
12 Papierbackförmchen
für das Muffinblech
200 g Heidelbeeren
150 g weiche Butter
2 Eier · 80 g Zucker
125 g Magerquark
200 g Mehl · 1 TL Backpulver
Puderzucker zum Bestäuben

 ca. 20 Min.
+ ca. 20 Min. Backzeit

 1 Muffinblech mit 12 Mulden

CASHEW-MUFFINS

1 Den Backofen auf 180 °C vorheizen. Die Mulden des Muffinblechs mit Papierbackförmchen auslegen. Die Kuvertüre im Blitzhacker zerkleinern oder auf einer Reibe grob raspeln. Cashewkerne im Blitzhacker grob hacken.

2 Die Eier mit der Butter und dem Zucker schaumig schlagen. Die Kuvertüre unterrühren, dann die Cashewkerne, das Mehl und das Backpulver untermischen. Den Teig in die Papierbackförmchen füllen. Im Ofen auf der mittleren Schiene etwa 20 Minuten backen.

Variante:

Schmeckt auch mit Mandeln, Wal- oder Haselnüssen. Die weiße Kuvertüre lässt sich durch weiße oder dunkle Schokoraspel ersetzen.

ZUTATEN

FÜR 12 MUFFINS
12 Papierbackförmchen
für das Muffinblech
100 g weiße Kuvertüre
100 g Cashewkerne
3 Eier · 200 g weiche Butter
100 g Zucker · 200 g Mehl
½ Päckchen Backpulver

 ca. 20 Min.
+ ca. 20 Min. Backzeit

 1 Muffinblech mit 12 Mulden

HIMBEER-CUPCAKES MIT FRISCHKÄSECREME

Fruchtige Frischkäsecreme macht die Himbeer-Muffins blitzschnell zu leckeren Cupcakes. Die Muffins schmecken aber auch pur köstlich.

1. Den Backofen auf 180 °C vorheizen. Die Mulden des Muffinblechs gut einfetten. Die Himbeeren verlesen und kurz abbrausen. 100 g davon pürieren und für das Frischkäse-Topping beiseitestellen.

2. Für den Teig die Butter mit dem Zucker und den Eiern schaumig schlagen. Dann Haferflocken, Mehl und Backpulver kurz unterrühren. Zuletzt die Himbeeren untermischen.

3. Den Teig in die Mulden des Muffinblechs füllen. Etwas glatt streichen. Die Muffins im Ofen auf der mittleren Schiene etwa 20 Minuten backen. Aus dem Ofen nehmen und abkühlen lassen.

4. Für das Topping den Frischkäse mit dem Puderzucker und dem Himbeerpüree verquirlen. Die Creme auf die Oberfläche der Muffins verteilen. Mit einem Messer nach Belieben entweder glatt oder wolkig verstreichen oder das Topping in einen Spritzbeutel füllen und auf die Muffins spritzen. Wer mag, dekoriert die Cupcakes noch mit ein paar Himbeeren. Auch eine kleine Papiermanschette ist dekorativ.

Tipps & Variationen:

Die Cupcakes können mit anderen Früchten, zum Beispiel mit Erdbeeren, Heidelbeeren oder mit klein geschnittenen Mangowürfeln, zubereitet werden.

Außerhalb der Saison können Sie die Cupcakes mit Tiefkühlbeeren zubereiten. Damit der Teig nicht zu feucht wird, die Früchte nur leicht antauen lassen. Mit einem guten Stabmixer lassen sie sich in diesem Zustand auch für das Topping pürieren.

ZUTATEN

FÜR 12 STÜCK
Butter für die Form
250 g Himbeeren
150 g weiche Butter
100 g Zucker
3 Eier
50 g feine Haferflocken
150 g Mehl
1 TL Backpulver
300 g Doppelrahmfrischkäse
70 g Puderzucker

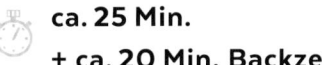 **ca. 25 Min.**
+ ca. 20 Min. Backzeit

1 Muffinblech mit 12 Mulden

+ ROSA TRAUM

HÜBSCH SIEHT STATT DER MANDEL-
BLÄTTCHEN AUCH EIN ROSA EIN-
GEFÄRBTER ZUCKERGUSS AUF DEN
BLÄTTERTEIGHERZEN AUS.

BLÄTTERTEIGHERZEN MIT ERDBEEREN

Last-minute-Geburtstagskuchen, Valentinsgruß, kleines Dankeschön oder ein nettes Mitbringsel für einen lieben Menschen.

1 Die Blätterteigplatten nebeneinanderlegen und auftauen lassen. Das Backblech mit Backpapier belegen. Backofen auf 200 °C vorheizen.

2 Je 2 Teigplatten übereinanderlegen und daraus jeweils 1 Quadrat von etwa 20 cm Seitenlänge ausrollen. Aus den Quadraten jeweils 1 großes Herz ausschneiden. Wer es sehr akkurat mag, macht sich dafür eine Pappschablone und legt sie auf den Teig, es geht aber auch ohne.

3 Die Herzen mit einer Gabel mehrmals einstechen und mit etwas Wasser bepinseln. Die Mandelblättchen darüberstreuen und leicht festdrücken. Etwas Zucker darüberstreuen. Die Herzen im Ofen auf der mittleren Schiene etwa 15 bis 20 Minuten backen. Aus dem Ofen nehmen und leicht abkühlen lassen.

4 Die Erdbeeren waschen, putzen und längs in Scheiben schneiden. Die Sahne mit dem Vanillezucker steif schlagen.

5 Die abgekühlten Blätterteigherzen wie Brötchen quer aufschneiden, den unteren Teil mit Vanillesahne bestreichen und mit Erdbeeren belegen, dann den Deckel aufsetzen.

Tipps & Variationen:

Die Teigreste aufeinanderlegen, ausrollen, kleine Herzen daraus ausstechen, leicht zuckern und etwa 10 Minuten mitbacken. Zu den gefüllten Herzen legen.

Bereiten Sie die Herzen außerhalb der Erdbeersaison mit anderen Früchten zu. Auch aufgetaute Kirschen oder Mangowürfel sind gut geeignet. Tiefkühlbeeren werden beim Auftauen oft matschig und eignen sich daher weniger für den Blätterteigbelag.

ZUTATEN

FÜR 2 HERZEN
4 rechteckige Scheiben Blätterteig (ca. 275 g; tiefgekühlt)
100 g Mandelblättchen
Zucker zum Bestreuen
200 g Erdbeeren
200 g Sahne
2 Päckchen Vanillezucker

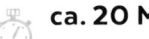 **ca. 20 Min.**
+ ca. 10 Min. Auftauzeit
+ 15–20 Min. Backzeit

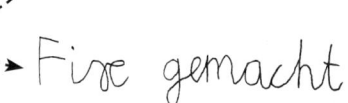 Fixe gemacht

ERDNUSS-COOKIES

CRUNCHIGE KNABBEREI

CRANBERRY-BÖMBCHEN

GEBALLTE POWER ZUM NASCHEN

VANILLE-WHOOPIES

SCHOKOLADIG GEFÜLLT

CHOCOLATE-WHOOPIES

HOMEMADE DOPPELDECKER-KEKSE

ERDNUSS-COOKIES

1 Den Backofen auf 180 °C vorheizen. Ein Backblech mit Backpapier belegen. Die Erdnüsse im Blitzhacker grob hacken.

2 Die Butter mit dem Ei, 1 Msp. Salz, Honig, Zucker und Zimtpulver schaumig rühren. Mehl und Backpulver nur kurz untermischen. Die Erdnüsse unterrühren.

3 Den Teig mithilfe von zwei Teelöffeln in Häufchen auf das Blech setzen. Abstand halten, denn der Teig läuft ein wenig auseinander. Die Häufchen leicht flach drücken und darauf achten, dass sie eher rund und nicht zu zipfelig sind. In jedes Teighäufchen 2 bis 3 Erdnusshälften drücken. Die Erdnuss-Cookies im Ofen auf der mittleren Schiene etwa 12 Minuten backen.

ZUTATEN

FÜR CA. 25 STÜCK
100 g ungesalzene Erdnusskerne
150 g weiche oder zerlassene
Butter · 1 Ei
Salz
30 g Honig
50 g Zucker
1 TL Zimtpulver
200 g Mehl
½ TL Backpulver
Erdnusskerne zum Garnieren

 ca. 20 Min.
+ ca. 12 Min. Backzeit

CRANBERRY-BÖMBCHEN

1 Den Backofen auf 180 °C vorheizen. Ein Backblech mit Backpapier belegen.

2 Die Butter mit dem Honig, den Eiern und der Sahne schaumig rühren. Das Mehl und die Haferflocken nur kurz untermischen. Zuletzt die Cranberrys unterrühren.

3 Den Teig mithilfe von zwei Teelöffeln in walnussgroßen Häufchen auf das Backblech setzen. Im Ofen auf der mittleren Schiene 13 bis 15 Minuten backen.

ZUTATEN

FÜR CA. 25 STÜCK
60 g weiche Butter
120 g Honig
2 Eier
4 EL Sahne
140 g Mehl
100 g feine Haferflocken
100 g getrocknete Cranberrys

 ca. 20 Min.
+ 13−15 Min. Backzeit

VANILLE-WHOOPIES

1. Den Backofen auf 200 °C vorheizen. Ein Backblech mit Backpapier belegen. Die Butter mit Zucker, 1 Prise Salz, gemahlener Vanilleschote und Ei schaumig rühren. Milch untermischen. Zuletzt Mehl und Backpulver nur kurz unterrühren.

2. Den Teig mithilfe von zwei Teelöffeln in walnussgroßen Häufchen aufs Blech setzen. Abstand halten, denn der Teig läuft beim Backen auseinander. Den Teig mit den Fingern noch etwas glätten und in eine runde Form bringen. Whoopies im Ofen auf der mittleren Schiene etwa 12 Minuten backen. Herausnehmen und abkühlen lassen.

3. Frischkäse und Nuss-Nugat-Creme verrühren und die Schokoraspel unterrühren. Immer 2 Whoopies mit etwas Creme zusammensetzen.

ZUTATEN

FÜR CA. 15 DOPPELDECKER
100 g weiche Butter
90 g Zucker
Salz
¼ TL gemahlene Vanilleschote
1 Ei · 50 ml Milch
200 g Mehl
1 TL Backpulver
100 g Doppelrahmfrischkäse
1–2 EL Nuss-Nugat-Creme
2 EL Schokoraspel

 ca. 30 Min.
+ ca. 12 Min. Backzeit

CHOCOLATE-WHOOPIES

1. Den Backofen auf 200 °C vorheizen. Ein Backblech mit Backpapier belegen. Butter mit Zucker und Eiern verquirlen, Sahne untermischen. Kakaopulver, Mehl und Backpulver unterrühren, dann die Schokotröpfchen untermischen.

2. Den Teig mithilfe von zwei Teelöffeln in walnussgroßen Häufchen aufs Blech setzen. Abstand halten, denn der Teig läuft beim Backen auseinander. Den Teig mit den Fingern noch etwas glätten und in eine runde Form bringen. Whoopies im Ofen auf der mittleren Schiene etwa 12 Minuten backen. Herausnehmen und abkühlen lassen.

3. Den Frischkäse mit dem Puderzucker cremig rühren und immer 2 Whoopies mit etwas Creme zusammensetzen.

ZUTATEN

FÜR CA. 20 DOPPELDECKER
250 g weiche Butter
160 g Zucker
2 Eier
150 g Sahne
2 EL Kakaopulver
300 g Mehl
1 TL Backpulver
150 g Schokotröpfchen
150 g Doppelrahmfrischkäse
1–2 EL Puderzucker

 ca. 30 Min.
+ ca. 12 Min. Backzeit

+ FRÜCHTCHEN, WECHSEL DICH

SCHMECKT AUCH MIT LIEBLINGS-
FRÜCHTEN

MANGOKUCHEN IM GLAS

Ob für den Überraschungsbesuch oder als schnelles Dessert: Kuchen im Glas sind blitzschnell fertig und schön anzusehen.

1 Tiefgekühltes Mangofruchtfleisch auftauen. Die Kekse in einen Gefrierbeutel geben und mit den Handflächen grob zerbröseln. Zwei Drittel auf die Gläser verteilen und mit dem Orangensaft beträufeln.

2 Die Hälfte des Mangofruchtfleischs pürieren. Die andere Hälfte in kleine Würfel schneiden und mit dem Püree mischen. Mascarpone mit Joghurt, Zitronensaft, Zucker und Vanillezucker verquirlen.

3 Die Hälfte der Creme auf den Keksbröseln verteilen. Die Mangomasse daraufloffeln, die restliche Creme auf die Mangoschicht geben. Mit übrigen Keksbröseln bestreuen und bis zum Servieren kühl stellen.

ZUTATEN

FÜR 4 GLÄSER
300 g Mangofruchtfleisch
(frisch oder tiefgekühlt)
200 g Kekse (z.B. Butterkekse
oder Löffelbiskuits)
4 EL Orangensaft
250 g Mascarpone
150 g Naturjoghurt
4 EL Zitronensaft · 2 EL Zucker
1 Päckchen Vanillezucker

 ca. 25 Min.
+ evtl. 1 Std. Auftauzeit
für die Früchte

SCHOKOMOUSSE IM GLAS

1 Kirschen in einem Sieb abtropfen lassen. Kekse in einen Gefrierbeutel geben und mit den Handflächen grob zerbröseln. Zwei Drittel auf die Gläser verteilen. Kirschen gleichmäßig darauf verteilen.

2 Die Mousse au Chocolat aus dem Pulver und mit Milch oder Sahne nach Packungsanweisung zubereiten. Zuletzt die Schokoraspel unterrühren. Die Mousse auf den Kirschen verteilen und die restlichen Keksbrösel darüberstreuen.

Statt Fertigcreme:

Für eine **schnelle Schokomousse** 200 g Sahne erhitzen und 200 g Zartbitterkuvertüre darin schmelzen. Nicht zu heiß werden lassen, sonst klumpt die Masse. 2 bis 3 Stunden in den Kühlschrank stellen, dann mit den Quirlen des Handrührgeräts schaumig aufschlagen.

ZUTATEN

FÜR 4 GLÄSER
300 g Kirschen (aus dem Glas)
200 g Kekse (z.B. Butterkekse
oder Löffelbiskuits)
1 Päckchen Mousse-au-Chocolat-
Pulver (Fertigprodukt)
¼ l Milch oder Sahne
(nach Packungsanweisung)
50 g Schokoraspel

 ca. 20 Min.

INGWER-GUGELHUPF

Sie mögen keinen Ingwer? Wetten doch?! Dieser Kuchen mit ganz fein gehacktem, kandiertem Ingwer ist herrlich aromatisch und schmeckt sogar Kindern. Probieren Sie's aus.

1 Den Backofen auf 180 °C vorheizen. Die Gugelhupfform einfetten. Den Ingwer im Blitzhacker oder mit einem großen Küchenmesser sehr fein zerkleinern. Die Eier trennen. Die Eiweiße zu steifem Schnee schlagen.

2 Die Eigelbe mit der Butter und dem Zucker dickschaumig schlagen. Erst den Ingwer gründlich unterrühren. Dann Mehl, Speisestärke, Backpulver und Eischnee zugeben und nur kurz unterquirlen.

3 Den Teig in die Backform füllen und den Kuchen im Ofen auf der mittleren Schiene etwa 50 Minuten backen. Den Kuchen herausnehmen und abkühlen lassen.

Tipps:

Der Kuchen löst sich nach dem Backen leichter aus der Form, wenn Sie die gefettete Gugelhupfform gleichmäßig mit gehobelten Mandeln ausstreuen. Mit den Mandeln rundherum sieht der Kuchen außerdem noch appetitlicher aus.

Kandierten Ingwer gibt es oft in besonders frischer Qualität in der Apotheke oder im gut sortierten Gemüseladen zu kaufen.

ZUTATEN

**FÜR 1 GUGELHUPFFORM
MIT 20 CM DURCHMESSER**
Butter für die Form
150 g kandierter Ingwer
5 Eier
300 g weiche Butter
150 g Zucker
250 g Mehl
50 g Speisestärke
½ Päckchen Backpulver

 ca. 25 Min.
+ ca. 50 Min. Backzeit

alles
GANZ EASY

KALTER HUND

Süßer geht's nicht. Der Kühlschrank-Klassiker aus alten Zeiten hier mal nicht mit Kokosfett, sondern etwas feiner mit Butter.

1 Die Kuvertüre über dem warmen Wasserbad schmelzen. Die Butter mit dem Puderzucker cremig rühren. Kuvertüre unterrühren.

2 Ein Stück Frischhaltefolie auf ein Brett oder eine Platte legen. 4 Butterkekse dicht hintereinander quer darauflegen. Die Schokoladencreme daraufstreichen. Wieder 4 Butterkekse darauflegen und mit Schokocreme bestreichen. So weitermachen, bis alle Butterkekse verbraucht sind, dabei mit Creme abschließen.

3 Die letzte Schokoladencremeschicht mit Schokoladenraspeln bestreuen und den kalten Hund 1 Stunde in den Kühlschrank stellen.

ZUTATEN

FÜR 8 STÜCKE
100 g Zartbitterkuvertüre
100 g weiche Butter
50 g Puderzucker
20 Butterkekse (ca. 100 g)
Schokoladenraspel

 ca. 25 Min.
+ ca. 1 Std. Kühlzeit

APRIKOSENCRUMBLE

Schmeckt auch mit Äpfeln, Birnen und Beeren gut und wird mit einer Kugel Vanilleeis zum köstlichen Dessert.

1 Den Backofen auf 200 °C vorheizen. Die frischen Aprikosen waschen, halbieren und den Stein entfernen. Frische Früchte oder abgetropfte Dosenaprikosen nebeneinander in die Form legen.

2 Das Mehl mit der Butter, dem Zucker und Zimt erst mit den Knethaken des Handrührgeräts grob verrühren, dann zwischen den Fingern zu dicken Streuseln kneten.

3 Die Streusel gleichmäßig über den Früchten verteilen und den Crumble im Ofen auf der mittleren Schiene 25 bis 30 Minuten goldgelb backen. Mit Puderzucker bestäuben und warm servieren.

ZUTATEN

**FÜR 1 AUFLAUFFORM
MIT 26 CM DURCHMESSER**
750 g frische Aprikosen oder
1 Dose Aprikosen
(490 g Abtropfgewicht)
200 g Mehl
150 g weiche Butter
100 g Zucker
1 TL Zimtpulver
Puderzucker zum Bestäuben

ca. 15 Min.
+ 25–30 Min. Backzeit

...Wir Gratulieren! ...

Dafür braucht man:
- Drucker
- Druckerpapier
- Fotokarton
- Schere
- Kleber
- 4 Zahnstocher
- 2 Schaschlikspieße
- Kordel
- Seidenpapierstreifen in 2 Farben (je ca. 12 cm lang und 6 mm breit)

① Vorlagen für die Tiermotive aus dem Internet herunterladen, ausdrucken & ausschneiden.

⬇ S. 200

② Hunde und Kätze mit ihren Ballons auf Fotokarton kleben und ausschneiden.

③ DEN TIEREN VON HINTEN ZAHNSTOCHER ANKLEBEN, DIE EIN PAAR ZENTIMETER UNTER IHNEN HERAUSRAGEN, DAMIT MAN SIE IN DEN KUCHEN STECKEN KANN.

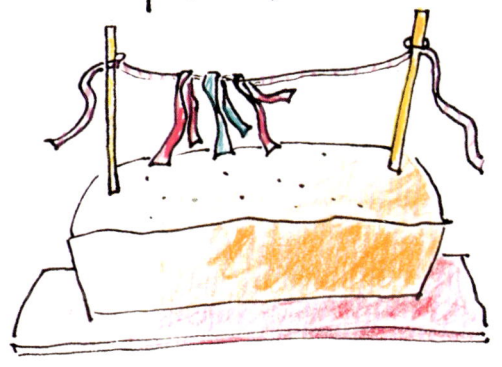

④ DIE SCHASCHLIKSPIEßE RECHTS UND LINKS IN DEN KUCHEN STECKEN, DIE KORDEL DAZWISCHEN SPANNEN UND DARAN VERKNOTEN. MEHRERE STREIFEN SEIDENPAPIER MITTIG DARÜBERLEGEN UND AN DER KORDEL FESTKLEBEN. TIERE IN DEN KUCHEN STECKEN.

TIPP: MAN KANN DIE TIERE AUCH EINZELN DEKORIEREN!

BANANEN-WALNUSS-KUCHEN

Dieser Kuchen schmeckt auch mit Bananen, die schon etwas überreif sind.
Resteverwertung kann so lecker sein!

1 Den Backofen auf 180 °C vorheizen. Die Kastenform einfetten. Die Walnusskerne im Blitzhacker nur grob zerkleinern. Die Bananen schälen und mit dem Stabmixer pürieren oder einfach mit einer Gabel zu Mus zerdrücken.

2 Die Eier trennen. Die Eiweiße zu steifem Schnee schlagen. Die Eigelbe mit Butter, Zucker und Zimtpulver dickschaumig rühren. Die Bananen und die grob gehackten Walnüsse untermischen. Dann das Mehl, die Speisestärke und das Backpulver mischen, mit dem Eischnee in die Rührschüssel geben und alles nur kurz unterrühren.

3 Den Teig in die Kastenform füllen und im Ofen auf der mittleren Schiene etwa 45 Minuten backen. Aus dem Ofen nehmen, abkühlen lassen und mit Puderzucker bestäuben.

ZUTATEN

FÜR 1 KASTENFORM
MIT 25 CM LÄNGE
Butter für die Form
100 g Walnusskerne
2 Bananen
5 Eier
250 g weiche Butter
120 g Zucker
1 TL Zimtpulver
250 g Mehl
50 g Speisestärke
½ Päckchen Backpulver
Puderzucker zum Bestäuben

 ca. 25 Min.
+ ca. 45 Min. Backzeit

NUSSWECHSEL

Den Teig statt mit Walnüssen zur Abwechslung mit gehackten Haselnüssen oder Cashewkernen zubereiten. Auch Mandeln schmecken gut.

BANANEN-SPLIT

Rühren Sie 50 g Schokoraspel oder backfeste Schokotröpfchen unter den Teig. Schmeckt zusätzlich zu den Nüssen, aber auch statt der Nüsse im Kuchen.

SCHOKOGUSS

Überziehen Sie den Kuchen mit geschmolzener Zartbitter- oder Vollmilchkuvertüre. Praktisch sind auch Kuvertüreplättchen, denn die schmelzen besonders schnell.

+ HAPPY BIRTHDAY

MIT DER SELBST GEBASTELTEN GIRLANDE UND
DEN TIERISCHEN GRATULANTEN (SIEHE S. 36/37)
ZAUBERN SIE AUS JEDEM KUCHEN SCHNELL
EINE TOLLE GEBURTSTAGSÜBERRASCHUNG.

KAPITEL 2

OMAS KÜCHEN SCHÄTZE

Hier sind sie, die beliebtesten Back-Klassiker, die aus gutem Grund schon seit Generationen geliebt werden und nie aus der Mode kommen. Denn Omas Kuchen wecken schöne Erinnerungen. Mit dem Duft von frischem Hefeteig, dem Genuss von warmen Waffeln, dem Geschmack von saftigem Erdbeerkuchen und sahnigem Käsekuchen verbinden wir das Gefühl von Geborgenheit und heiler Welt. Grund genug, diese Küchenschätze zu bewahren und dafür zu sorgen, dass diese Gefühle auch unseren Kindern nicht verloren gehen.

YUMMY!

MARMORKUCHEN MIT SCHOKOGUSS

Heiß begehrt und in einer guten Viertelstunde im Ofen. Extraschokoladig mit Guss. Wenn's schnell gehen muss, schmeckt der Kuchen auch ohne lecker.

1 Den Backofen auf 180 °C vorheizen. Die Gugelhupfform einfetten. Die Eier trennen. Die Eiweiße zu steifem Schnee schlagen. Die Eigelbe mit der Butter und dem Zucker dickschaumig schlagen. Mehl und Eischnee nur kurz unterrühren.

2 Die Hälfte des Teiges in die Form füllen. Unter den restlichen Teig Kakaopulver und Milch rühren. Die dunkle Teigmasse auf den hellen Teig in die Form füllen. Beide Teige mit einer Gabel von oben nach unten spiralenförmig mischen, sodass ein Marmormuster entsteht. Im Ofen auf der mittleren Schiene etwa 50 Minuten backen. Den Kuchen herausnehmen, abkühlen lassen und aus der Form lösen.

3 Die Kuvertüre in Stücke brechen und in einer kleinen Schüssel über dem warmen Wasserbad langsam schmelzen. Darauf achten, dass die Kuvertüre nicht zu heiß wird, sonst klumpt sie. Den Kuchen gleichmäßig mit der Kuvertüre überziehen. Das geht am besten, wenn man den Guss vorsichtig von oben rundherum über den Kuchen gießt und an den Seiten herunterfließen lässt. Den Guss fest werden lassen.

Tipps:

Durch den Eischnee kommt mehr Luft in den Teig. Das macht den Teig auch ohne Backpulver schön locker. Wer sich das Eiertrennen sparen möchte, mischt ½ Päckchen Backpulver unter den Teig.

Der Kuchen löst sich leichter aus der Form, wenn man die gefettete Backform etwa 10 Minuten in den Kühlschrank stellt, bevor man den Teig einfüllt. Dabei wird die Butter hart und sorgt zu Beginn der Backzeit für eine bessere Trennung zwischen Teig und Form.

ZUTATEN

FÜR 1 GUGELHUPFFORM MIT 20 CM DURCHMESSER
Butter für die Form
5 Eier
300 g weiche Butter
300 g Zucker
300 g Mehl
2 EL Kakaopulver
5 EL Milch
250 g Vollmilchkuvertüre

 ca. 30 Min.
+ ca. 50 Min. Backzeit

HEFEZOPF MIT ZUCKERGUSS

Hefeteig ist viel unkomplizierter, als Sie vielleicht meinen. Nur fürs Gehen muss man ihm genügend Zeit geben, damit der Kuchen auch schön locker wird. Während die Hefe arbeitet, könnten Sie sich eine kleine Auszeit gönnen.

1 Die Milch lauwarm erhitzen – nicht zu heiß, sonst können die Hefekulturen nicht mehr arbeiten. Die Hefe in die Milch bröckeln, 1 TL Zucker dazugeben, verrühren und etwa 10 Minuten ruhen lassen.

2 Die Butter mit dem restlichen Zucker und den Eiern schaumig rühren. Das Mehl und die Hefe-Milch dazugeben, alles mit den Knethaken des Handrührgeräts zu einem glatten, weichen Teig verkneten. Den Teig in der Schüssel zugedeckt an einem warmen Ort mindestens 1 Stunde gehen lassen.

3 Den Teig noch mal durchkneten, dann in 3 Stücke teilen. Jedes Teigstück rundherum mit Mehl bestäuben und zu einem etwa 3 cm dicken Strang rollen. Die Stränge müssen gleich lang sein. Nebeneinander auf ein mit Backpapier belegtes Backblech legen und zu einem Zopf flechten. Die Enden fest zusammendrücken. Mit einem Geschirrtuch zudecken und etwa 20 Minuten ruhen lassen. Inzwischen den Backofen auf 180 °C vorheizen.

4 Den Hefezopf im Ofen auf der mittleren Schiene etwa 45 Minuten backen. Den Puderzucker mit etwa 5 EL Wasser verrühren und den warmen Zopf damit bestreichen.

ZUTATEN

FÜR 1 ZOPF (CA. 20 STÜCKE)
125 ml lauwarme Milch
1 Würfel Hefe (42 g)
80 g Zucker
150 g weiche Butter
2 Eier
500 g Mehl
Mehl zum Bestäuben
100 g Puderzucker

 ca. 35 Min.
+ ca. 1½ Std. Ruhezeit
+ ca. 45 Min. Backzeit

ROSINENZOPF

Den Teig wie beschrieben zubereiten. Zuletzt je 100 g Rosinen und gehackte Mandeln unterkneten. Entweder wie beschrieben zu 3 Strängen formen und zum Zopf flechten oder als ganzes Stück aufs Blech setzen und als Fladen backen. Schmeckt mit und ohne Zuckerguss.

NUSSROLLE

200 g gemahlene Haselnüsse mit 60 g Zucker, 1 TL Zimtpulver und 100 g Sahne verrühren. Den Hefeteig wie beschrieben zubereiten und rechteckig ausrollen. Die Masse daraufstreichen und den Teig von der langen Seite her aufrollen. Wie oben beschrieben backen.

MOHNZOPF

Den Hefeteig wie beschrieben zubereiten, die Teigstränge leicht rechteckig ausrollen und jeweils mit 1 bis 2 EL backfertiger Mohnmasse bestreichen. Die Teigstücke längs aufrollen und die 3 gefüllten Stränge zu einem Zopf flechten. Wie oben beschrieben backen.

SÜSSE WAFFELN

Schnell gerührt zum Nachmittagskaffee, aber auch perfekt für ein Kinderfest. Wir wäre es zum Beispiel mit einem Waffelbüfett mit verschiedenen Früchten und Toppings, bei dem sich jeder seine Lieblingszutaten selbst auswählen kann?

1 Die Backflächen des Waffeleisens mit einem Pinsel einfetten, das Waffeleisen zuklappen und aufheizen.

2 Die Eier trennen. Eiweiße zu steifem Schnee schlagen. Die Butter mit dem Zucker, dem Vanillezucker, 1 Prise Salz, den Eigelben und der abgeriebenen Zitronenschale schaumig schlagen. Milch unterrühren. Das Mehl, das Backpulver und den Eischnee untermischen.

3 Je nach Waffeleisen 2 bis 3 EL Teig in die Mitte der unteren Backfläche geben, das Waffeleisen schließen und jede Waffel darin etwa 3 bis 4 Minuten goldgelb backen. Die fertigen Waffeln zum Abkühlen auf ein Kuchengitter legen und mit Puderzucker bestäuben. Legt man die warmen Waffeln gleich auf einen Teller, werden sie weich. Die Waffeln nach Belieben pur, mit Sahne, mit frischen Früchten, einer Kugel Eis oder den Varianten unten genießen.

ZUTATEN

FÜR CA. 8 STÜCK
Butter oder Öl fürs Waffeleisen
4 Eier
100 g weiche Butter
70 g Zucker
1 Päckchen Vanillezucker
Salz
abgeriebene Schale von
½ Bio-Zitrone
100 ml Milch
200 g Mehl
1 TL Backpulver
Puderzucker zum Bestäuben

 ca. 10 Min.
+ 24—32 Min. Backzeit

 KINDER-LIEBLING

MIT MANGODIP

100 g frisches oder tiefgekühltes, aufgetautes Mangofruchtfleisch mit 2 EL Limettensaft und 250 g Mascarpone pürieren, nach Belieben süßen.

MIT BEERENKOMPOTT

300 g frische oder tiefgekühlte Beeren mit etwas Zucker in einem Topf erhitzen. Dann mit 1 EL mit etwas Wasser angerührter Speisestärke binden.

MIT SCHOKO

100 g geschmolzene Kuvertüre oder Schokolade über die Waffeln gießen und nach Belieben gehackte Mandeln, Hasel- oder Walnüsse darüberstreuen.

HÜBSCH VERPACKT

DIE SELBST GEBASTELTE VERPACKUNG IST — GEFÜLLT MIT KEKSEN ODER EINEM MUFFIN — EIN TOLLES MITBRINGSEL.

EIN HERD FÜR SÜßE MITBRINGSEL

DAFÜR BRAUCHT MAN:
- 1 KAFFEEKAPSELKARTON MIT ÜBERLAPPENDEM DECKEL
- 2 VERSCHIEDENE GESCHENKPAPIERE
- SCHERE, KLEBER
- BLEISTIFT
- CUTTER
- KREISSTANZER 3,8 cm ∅
- PAPIER SCHWARZ & PINK
- FILZSTIFT WEIß

① UNTERTEIL DES KARTONS RUNDHERUM MIT GESCHENKPAPIER BEKLEBEN. MIT BLEISTIFT VORNE DAS OFENFENSTER AUFZEICHNEN & MIT DEM CUTTER AUSSCHNEIDEN.

② DEN DECKEL MIT DEM ANDEREN GESCHENKPAPIER BEKLEBEN.

③ MIT DEM KREISSTANZER 4 HERDPLATTEN AUS SCHWARZEM PAPIER STANZEN & OBEN AUF DEN DECKEL KLEBEN.

④ EINEN KREIS AUS SCHWARZEM PAPIER AUSSCHNEIDEN & EINE UHR AUFMALEN.

⑤ MINIKREISE IN PINK AUSSCHNEIDEN & MIT DER UHR AUF DIE DECKELFRONT KLEBEN.

⑥ HERDGRIFF AUS SCHWARZEM PAPIER SCHNEIDEN & ÜBER DAS OFENFENSTER KLEBEN.

BUTTER-MANDEL-KUCHEN

Ganz einfach, so lecker – und ideal für viele Gäste! Tipps rund um den Hefeteig und andere Teigarten finden Sie übrigens auf den Seiten 10 und 11.

1 Für den Teig die Milch in einem kleinen Topf lauwarm erwärmen, vom Herd nehmen, die Hefe dazubröckeln und verrühren, bis sie sich aufgelöst hat. Dann die Butter unterrühren.

2 Das Mehl mit dem Zucker und den Eiern in eine große Schüssel geben, die Milchmischung dazugeben und die Zutaten mit den Knethaken des Handrührgeräts zu einem glatten Teig kneten, der sich leicht vom Schüsselrand löst. Zugedeckt an einem warmen Ort mindestens 1 Stunde gehen lassen.

3 Das Backblech mit Backpapier belegen. Den Backofen auf 180 °C vorheizen. Den Hefeteig noch mal durchkneten, rundherum mit etwas Mehl bestäuben und auf dem Backblech ausrollen.

4 Für den Belag die Butter in kleine Stückchen schneiden und den Teig gleichmäßig damit belegen. Erst die Mandelblättchen, dann den Zucker darüberstreuen. Zugedeckt noch mal 15 Minuten ruhen lassen. Den Kuchen im Ofen auf der mittleren Schiene etwa 30 Minuten backen. Schmeckt lauwarm am allerbesten!

ZUTATEN

FÜR CA. 20 STÜCK

FÜR DEN HEFETEIG:
¼ l Milch
1 Würfel Hefe (42 g)
50 g weiche Butter
500 g Mehl
80 g Zucker
2 Eier
Mehl zum Ausrollen

FÜR DEN BELAG:
200 g kalte Butter
100 g Mandelblättchen
4 EL Zucker

 ca. 35 Min.
+ ca. 1¼ Std. Ruhezeit
+ ca. 30 Min. Backzeit

AROMAPLUS

Eine leichte Karamellnote bekommt der Butterkuchen, wenn Sie die Mandelblättchen für den Belag nicht mit weißem Zucker, sondern mit braunem Zucker oder Rohrohrzucker bestreuen.

STREUSELKUCHEN

Hefeteig statt mit Butter und Mandeln mit Streuseln belegen: Dafür 300 g Mehl, 130 g Zucker und 180 g weiche Butter zwischen den Fingern zu Streuseln verkneten. Gleichmäßig auf dem Hefeteig verteilen (siehe Foto, rechte Reihe).

OBSTKUCHEN

Hefeteig statt mit Butter oder Streuseln mit geputztem Obst belegen, zum Beispiel mit Zwetschgenhälften, Apfel- oder Birnenspalten. Je nach Obstsorte verlängert sich die Backzeit auf 40 bis 50 Minuten.

VERSUNKENER ZWETSCHGENKUCHEN

1 Den Backofen auf 180 °C vorheizen. Die Springform einfetten. Die Eier mit der Butter und dem Zucker schaumig rühren. Das Mehl, die Speisestärke und das Backpulver dazugeben und nur kurz unterquirlen. Den Teig in die Springform füllen.

2 Die Zwetschgen waschen, halbieren und den Stein entfernen. Die Zwetschgenhälften nochmals halbieren. Den Teig mit den Zwetschgen belegen, dabei die Früchte etwas in den Teig drücken.

3 Den Kuchen im Ofen auf der mittleren Schiene etwa 40 Minuten backen. Stäbchenprobe machen: Bleibt beim Einstechen an einem Holzstäbchen kein Teig mehr kleben, ist er fertig. Kuchen leicht abkühlen lassen und mit Puderzucker bestäuben.

ganz easy

ZUTATEN

**FÜR 1 SPRINGFORM
MIT 26 CM DURCHMESSER**
Butter für die Form
3 Eier
200 g weiche Butter
130 g Zucker
150 g Mehl
50 g Speisestärke
½ Päckchen Backpulver
700 g Zwetschgen
Puderzucker zum Bestäuben

 **ca. 30 Min.
+ ca. 40 Min. Backzeit**

FRUCHTWECHSEL

Statt mit Zwetschgen schmeckt dieser Kuchen auch mit Birnen, Äpfeln, Heidelbeeren oder anderen Lieblingsfrüchten. Außerhalb der Saison kann man leicht angetaute Tiefkühlfrüchte verwenden.

LECKER GETOPPT

Bestreuen Sie den Kuchen vor dem Backen mit gehackten Mandeln oder Walnüssen und etwas Zimtzucker. Der Rührteig wird extrafein, wenn Sie 100 g fein gewürfelte Marzipanrohmasse unterrühren.

ABER BITTE MIT SAHNE

Obstkuchen schmeckt am besten mit frisch geschlagener Sahne, vielleicht mit etwas Vanille- oder Zimtzucker aromatisiert. Für Erwachsene darf es auch ein Schuss Eierlikör sein, der zuletzt unter die geschlagene Sahne gerührt wird.

KÄSEKUCHEN MIT MÜRBETEIGBODEN

Dafür wird man geheiratet! So hieß es früher, wenn ein Kuchen besonders lecker war. Manchmal reicht es schon, dafür gelobt zu werden. Finden Sie nicht?

1 Den Backofen auf 180 °C vorheizen. Die Springform einfetten. Für den Mürbeteig das Mehl mit dem Backpulver, der Butter, dem Zucker und dem Ei erst mit den Knethaken des Handrührgeräts, dann mit den Händen zu einem glatten Teig verkneten. Den Teig einfach mit den Handflächen in die Springform drücken.

2 Für die Quarkmasse die Zitrone halbieren und auspressen. Den Quark mit den Eiern und dem Zucker verquirlen. Den Zitronensaft, die Sahne, die saure Sahne und das Puddingpulver unterrühren. Die Quarkmasse auf den Mürbeteigboden gießen.

3 Den Kuchen im Ofen auf der mittleren Schiene etwa 1 Stunde backen. Den Backofen ausschalten, die Ofentür nur einen Spalt öffnen. Den Käsekuchen noch mindestens 15 Minuten im Ofen stehen lassen. Dann sinkt er nicht zu sehr zusammen.

Tipps:

Rühren Sie zusätzlich 50 bis 100 g Rosinen unter die Quarkmasse.

Die Käsekuchenmasse schmeckt auch ohne Mürbeteigboden lecker und ist dann blitzschnell im Ofen.

Wer mag, belegt den Teigboden mit Aprikosen- oder Pfirsichhälften, bevor die Quarkmasse daraufkommt.

ZUTATEN

FÜR 1 SPRINGFORM MIT 26 CM DURCHMESSER

FÜR DEN MÜRBETEIG:
Butter für die Form
200 g Mehl
2 TL Backpulver
150 g weiche Butter
100 g Zucker
1 Ei

FÜR DIE QUARKMASSE:
1 Zitrone
750 g Magerquark
3 Eier
150 g Zucker
200 g Sahne
200 g saure Sahne
1 Päckchen Vanillepudding-pulver

ca. 25 Min.
+ ca. 1 Std. Backzeit
+ ca. 15 Min. Ruhezeit

KINDER-LIEBLING

ERDBEERTORTE

Der Klassiker mit Biskuitteig und Tortenguss. Köstlich! Wenn Sie keine Torten-bodenform besitzen, kommt einfach die Springform zum Einsatz.

1 Für den Biskuit den Backofen auf 180 °C vorheizen. Den Boden der Backform einfetten und mit gehobelten Mandeln ausstreuen. Die Eier trennen, die Eiweiße zu steifem Schnee schlagen.

2 Die Eigelbe mit Zucker dickschaumig schlagen. Die Butter, das Mehl und den Eischnee nur kurz unterrühren. Den Biskuit in die Form füllen und im Ofen auf der mittleren Schiene etwa 15 Minuten backen. Herausnehmen, abkühlen lassen und aus der Form stürzen.

3 Für den Belag die Erdbeeren waschen, putzen und halbieren oder in Scheiben schneiden. Den Tortenboden damit belegen. Den Tortenguss nach Packungsanweisung, aber statt mit Wasser mit Orangensaft und Zucker zubereiten. Den warmen Guss von der Mitte aus gleich-mäßig über dem Kuchen verteilen. Abgekühlt nach Belieben noch mit ein paar Sahnetupfen und gerösteten Mandelblättchen verzieren.

ZUTATEN

FÜR 1 TORTENBODENFORM MIT 28 CM DURCHMESSER

FÜR DEN BISKUIT:
Butter und gehobelte Mandeln
für die Form
4 Eier
80 g Zucker
60 g zerlassene Butter
100 g Mehl

FÜR BELAG UND GUSS:
500 g Erdbeeren
1 Päckchen Tortenguss
¼ l Orangensaft
1–2 EL Zucker

ca. 25 Min.
+ ca. 15 Min. Backzeit

SAISONFRÜCHTE

Belegen Sie den Tortenboden mit Früchten der Jahreszeit. Im Winter bieten sich Tief-kühl- oder Dosenfrüchte an. Eine Tutti-frutti-Torte mit verschiedenen Früchten sieht besonders schön aus – und es ist für jeden Geschmack etwas dabei.

LECKERER BODEN

Der Biskuit schmeckt gut und weicht nicht durch, wenn Sie ihn vor dem Belegen mit etwas geschmolzener Kuvertüre bestrei-chen und diese fest werden lassen. Ob Sie weiße oder Vollmilchkuvertüre verwen-den, ist Geschmackssache.

BISKUIT AUF VORRAT

Den Biskuitboden können Sie auch auf Vorrat backen und einfrieren. Wenn Sie die doppelte Menge Teigmasse in einer Springform backen, können Sie den Bis-kuit halbieren, eine Hälfte gleich belegen und die andere einfrieren.

+ MEHR FÜLLE

WER'S KERNIG MAG, RÜHRT NOCH
EIN PAAR GEHACKTE MANDELN
UNTER DIE GERASPELTEN ÄPFEL.

GEDECKTER APFELKUCHEN

Extrasaftig mit geraspelten Äpfeln in einer knusprigen Mürbeteighülle. Dazu einen Klecks Schlagsahne – ein Gedicht!

1 Mehl, Butter, Zucker und 1 Prise Salz mit den Knethaken des Handrührgeräts zu einem glatten Teig kneten. Den Teig in Frischhaltefolie wickeln und etwa 30 Minuten in den Kühlschrank legen, damit er sich leichter ausrollen lässt.

2 Inzwischen die Äpfel schälen, vierteln, entkernen und raspeln. In einer Schüssel mit dem Zitronensaft vermischen. Nach eigenem Geschmack mit Zimtpulver würzen. Die Rosinen untermischen.

3 Den Backofen auf 180 °C vorheizen. Die Springform einfetten und den Boden mit Mandelblättchen ausstreuen.

4 Die Hälfte des Teiges zwischen zwei Lagen Backpapier etwas größer als die Springform ausrollen. Den Teig in die Form legen und am Rand etwas hochziehen. Die geraspelten Äpfel auf dem Teig verteilen und glatt streichen. Den restlichen Teig in Springformgröße ausrollen, als Deckel auf die Äpfel legen und den Kuchen auf der mittleren Schiene etwa 45 Minuten backen. Aus dem Ofen nehmen, leicht abkühlen lassen und mit Puderzucker bestäuben.

Tipps:

Ihre Kinder mögen keine Rosinen? Einfach weglassen oder durch Cranberrys ersetzen.

Noch Teigreste? Dann stechen Sie mit einem Plätzchenausstecher beliebige Formen aus und verzieren Sie den Deckel damit.

ZUTATEN

**FÜR 1 SPRINGFORM
MIT 26 CM DURCHMESSER**
450 g Mehl
300 g weiche Butter
120 g Zucker
Salz
8 säuerliche Äpfel (z.B. Gravensteiner oder Cox Orange)
3 EL Zitronensaft
Zimtpulver
50 g Rosinen
Butter und Mandelblättchen für die Form
Puderzucker zum Bestäuben

 **ca. 40 Min.
+ ca. 30 Min. Kühlzeit
+ ca. 45 Min. Backzeit**

HOLLÄNDER KIRSCHSCHNITTEN

Eine schnelle Variante mit fertigem Blätterteig, frischer Schlagsahne und Kirschfüllung ohne Gelatine. Ein Hit auf jeder Kaffeetafel!

1 Den Backofen auf 200 °C vorheizen. Ein Backblech mit Backpapier belegen. Den Blätterteig in 12 Rechtecke (à etwa 6 × 12 cm) schneiden. Die Teigstücke auf das Backblech legen und im Ofen auf der mittleren Schiene etwa 10 Minuten backen. Aus dem Ofen nehmen und leicht abkühlen lassen.

2 Inzwischen die Sahne mit dem Vanillezucker steif schlagen. Die Kirschen mit dem Zucker und dem Zimtpulver in einem Topf erhitzen. Vom Saft, der sich dabei bildet, etwa 1½ EL abnehmen und mit dem Puderzucker in einem kleinen Schälchen zu einem glatten, dickflüssigen Guss verrühren. Kurz beiseitestellen. Die Speisestärke mit etwa 3 EL Wasser verrühren und unter die Kirschen mischen, einmal aufkochen und andicken lassen. Topf vom Herd nehmen.

3 Die Blätterteigstücke quer halbieren. Die gewölbten Oberseiten gleichmäßig mit dem Zuckerguss bepinseln. Die Kirschen auf den Unterseiten verteilen. Die Sahne auf den abgekühlten Kirschen verstreichen. Die Blätterteigteile mit dem Zuckerguss auf die Sahne setzen und den Guss etwas antrocknen lassen.

ZUTATEN

FÜR 12 STÜCKE

1 Packung frischer Blätterteig (ca. 275 g; Kühlregal)
250 g Schlagsahne
1 Päckchen Vanillezucker
400 g tiefgekühlte Sauerkirschen
2 EL Zucker
¼ TL Zimtpulver
50 g Puderzucker
1 EL Speisestärke

 ca. 30 Min.
+ ca. 10 Min. Backzeit

GANZ EASY

+ SPEED-TIPP

WENN ES EILT, NEHMEN SIE
KIRSCHGRÜTZE AUS DEM
KÜHLREGAL ALS FÜLLUNG.

SCHNELLER MILCHRAHMSTRUDEL

Mit Strudelteig aus dem Kühlregal kinderleicht nachzumachen. Gibt's bei uns manchmal warm aus dem Ofen als süßes Hauptgericht.

1 Den Backofen auf 200 °C vorheizen. Für die Strudel das Toastbrot klein würfeln und mit der Milch übergießen.

2 Die Eier mit der Butter, dem Puderzucker, der Zitronenschale und dem Vanillezucker schaumig schlagen. Saure Sahne und Magerquark unterrühren. Dann die Rosinen (nach Belieben) und das eingeweichte Toastbrot mit einem Löffel untermischen.

3 Ein Blatt Strudelteig auf ein angefeuchtetes Küchentuch legen. Mit etwas zerlassener Butter bepinseln. Ein zweites Blatt Strudelteig darüberlegen und ebenfalls mit Butter bepinseln. Die Hälfte der Füllung darauf verteilen, dabei rundherum einen etwa 2 cm breiten Rand lassen. Den Teigrand rechts und links einmal einschlagen, dann den Teig von unten her mithilfe des Küchentuchs vorsichtig anheben und dabei Stück für Stück aufrollen. Den Strudel in eine Auflaufform setzen und mit Butter bepinseln.

4 Den übrigen Strudelteig auf die gleiche Weise wie oben beschrieben bepinseln, füllen und aufrollen. Neben den ersten Strudel in die Auflaufform setzen. Die beiden Strudel im Ofen auf der mittleren Schiene etwa 15 Minuten backen.

5 Für den Guss die Milch mit dem Zucker und den Eiern verquirlen. Den Guss gleichmäßig über die beiden Strudel im Ofen gießen und die Strudel weitere 25 Minuten backen.

Apfelstrudel:

120 g frischen Strudelteig wie oben beschrieben mit Butter bepinseln. Die beiden Strudelteigplatten mit je 100 g saurer Sahne bestreichen und mit je 2 bis 3 klein gewürfelten Äpfeln und 50 g Rosinen füllen. Aufrollen, in die Form setzen und etwa 40 Minuten goldgelb backen. Pur, mit 1 Kugel Eis oder mit Vanillesauce servieren.

ZUTATEN

FÜR 2 STRUDEL

FÜR DIE STRUDEL:
150 g Toastbrot (ca. 5 Scheiben)
125 ml Milch
4 Eier
50 g weiche Butter
70 g Puderzucker
1 TL abgeriebene Bio-Zitronenschale
1 Päckchen Vanillezucker
250 g saure Sahne
250 g Magerquark
6 EL Rosinen (nach Belieben)
1 Packung Strudelteig aus dem Kühlregal (ca. 120 g)
50 g zerlassene Butter zum Bestreichen

FÜR DEN GUSS:
¼ l Milch
1 gehäufter EL Zucker
2 Eier

 ca. 30 Min.
+ ca. 40 Min. Backzeit

Die leckersten Rezepte von Oma. Damit Kindheitserinnerungen nicht verloren gehen.

MALT
EURE OMAS
IN DIE BILDERRAHMEN

KAPITEL 3

MMH
WIE
MULTIKULTI

Kulinarische Köstlichkeiten aus fremden Ländern wecken Urlaubserinnerungen und Fernweh. Sie bieten nicht nur eine kleine Auszeit ohne Fernreise, sondern geben auch Einblick in andere Kulturen und beweisen, dass überall auf der Welt gemeinsames Genießen einen großen Stellenwert hat. Backen Sie mit Ihren Kindern französische Brioches zum Sonntagsfrühstück, afrikanische Gazellenhörnchen oder russische Watruschki zum Tee und New York Cheesecake zum Nachtisch. Für mich ein erster Schritt zur Völkerverständigung.

YUMMY!

SCONES AUS GROSSBRITANNIEN

Very british, kinderleicht nachzumachen und in einer guten halben Stunde fix und fertig. Die Briten lieben ihre Scones mit Clotted Cream, einer Art dicker Rahm, und Orangenmarmelade. Sie schmecken aber auch pur oder nur mit Butter fantastisch. Ich mag sie gern mit Himbeerkonfitüre.

1 Den Backofen auf 200 °C vorheizen. Das Backblech mit Backpapier belegen.

2 Das Mehl mit dem Backpulver oder Natron, dem Salz und dem Zucker in eine Schüssel geben. Die Butter in kleine Würfel schneiden und mit der Buttermilch und dem Ei zur Mehlmischung geben. Alle Zutaten mit den Knethaken des Handrührgeräts zu einem glatten Teig kneten.

3 Den Teig rundherum mit Mehl bestäuben und zwischen zwei Lagen Backpapier etwa 2 cm dick ausrollen. Mit einem Plätzchenausstecher oder mit dem Rand eines Trinkglases Kreise mit etwa 6 cm Durchmesser ausstechen. Die Teigkreise aufs Blech legen und die Scones im Ofen auf der mittleren Schiene 15 bis 18 Minuten goldgelb backen.

Tipps:

Wer den Teig nicht ausstechen möchte, formt ihn mit bemehlten Händen zu kleinen Brötchen.

Keine Buttermilch zu Hause? Der Teig lässt sich auch mit Naturjoghurt oder Milch zubereiten.

Backpulver oder Natron? Backpulver ist eine Kombination von Natron und Säure. Wenn ein Teig bereits saure Zutaten wie saure Sahne oder Buttermilch enthält, reicht Natron als Backtriebmittel aus. Man kann aber auch dann Backpulver verwenden.

ZUTATEN

FÜR 14 STÜCK
350 g Mehl
1 EL Backpulver oder Natron
½ TL Salz
30 g Zucker
100 g Butter
150 g Buttermilch
1 Ei
Mehl zum Ausrollen

 ca. 20 Min.
+ 15–18 Min. Backzeit

FRANZÖSISCHE BRIOCHES

*Für die köstlichen Hefeteigteilchen aus Frankreich gibt es spezielle Brioche-
förmchen, sie bleiben aber auch in einem Muffinblech oder in Papierbackförmchen gut in Form. Der Teig kommt über Nacht in den Kühlschrank, dann
ist er morgens schnell bereit für den Ofen.*

1 Am Vorabend die Hefe mit 1 EL Zucker und dem Wasser verrühren.
Das Mehl mit dem übrigen Zucker, dem Salz, der Butter, den Eiern,
dem Orangensaft und der Orangenschale in eine Schüssel geben. Die
Hefemischung dazugeben und alles zu einem glatten, weichen Teig
kneten. Zugedeckt über Nacht im Kühlschrank gehen lassen.

2 Am nächsten Morgen den Teig sofort aus dem Kühlschrank nehmen,
damit er sich besser kneten lässt. Den Backofen auf 190 °C vorheizen.
Die Backförmchen einfetten.

3 Den Teig noch mal kräftig durchkneten, mit Mehl bestäuben und mit
bemehlten Händen in 12 Portionen teilen. Von jeder Portion ein etwa
walnussgroßes Stück abnehmen und daraus kleine Kugeln formen,
aus den großen Teigstücken dicke Kugeln formen. Die dicken Kugeln
in die Förmchen setzen, in die Mitte jeweils kleine Mulden drücken
und die kleinen Kugeln daraufsetzen.

4 Brioches im Ofen auf der mittleren Schiene etwa 20 Minuten backen
und warm genießen – pur, mit etwas Butter oder Konfitüre.

Tipp:

Durch das Ruhen des Hefeteiges über Nacht werden die Brioches
besonders locker. Wer den Teig am selben Tag backen möchte, sollte
ihn zugedeckt an einem warmen Ort mindestens 1 Stunde gehen lassen, dann durchkneten und nochmals 1 Stunde gehen lassen. Wieder
durchkneten und erst dann portionsweise in die Förmchen setzen.

ZUTATEN

FÜR 12 STÜCK
½ Würfel Hefe
3 EL Zucker
3 EL lauwarmes Wasser
400 g Mehl
½ TL Salz
150 g weiche Butter
3 Eier
4 EL Orangensaft
**etwas abgeriebene Bio-
Orangenschale**
Fett für die Förmchen
Mehl zum Verarbeiten

ca. 25 Min.
+ Ruhezeit über Nacht
+ ca. 20 Min. Backzeit

12 Brioscheförmchen oder
1 Muffinblech mit 12 Mulden

MAROKKANISCHE GAZELLENHÖRNCHEN

Orangenblütenwasser gibt dieser Spezialität ihr einzigartiges Aroma. Sie bekommen es in jeder Apotheke. Schmeckt übrigens auch herrlich im Obstsalat.

1 Für den Teig das Mehl mit der Butter, dem Zucker, den Eigelben, dem Wasser, dem Orangenblütenwasser und 1 Prise Salz zu einem geschmeidigen Teig kneten, zu einer dicken Platte formen und etwa 20 Minuten in den Kühlschrank stellen.

2 Für die Füllung die Mandeln mit dem Zucker im Blitzhacker fein mahlen. Mit der Orangenschale, dem Zimt und dem Orangenblütenwasser zu einer geschmeidigen Füllung verkneten. Wenn nötig, noch etwas Flüssigkeit hinzufügen.

3 Den Backofen auf 180 °C vorheizen. Ein Backblech mit Backpapier belegen. Den Teig zwischen zwei Lagen Backpapier ausrollen. Mit einem Ausstecher oder Glasrand Kreise von etwa 7 cm Durchmesser ausstechen. Je 1 TL Mandelmasse in die Mitte der Teigkreise setzen, den Teig zu Halbmonden zusammenfalten, dabei die Ränder fest zusammendrücken und die Monde zu Hörnchen formen. Die Gazellenhörnchen auf das Blech legen und im Ofen auf der mittleren Schiene etwa 20 Minuten backen.

4 Die Hörnchen noch warm mit Orangenblütenwasser bepinseln und mit Puderzucker bestäuben.

Tipp:

Genießen Sie zu Gazellenhörnchen den typischen Minztee, der in Marokko zu jeder Tageszeit und zu allen Gelegenheiten getrunken wird: Dafür grünem Tee einige Zweige frische Minze zugeben, 3 Minuten ziehen lassen und mit Würfelzucker in kleinen Gläsern servieren.

ZUTATEN

FÜR CA. 40 STÜCK

FÜR DEN TEIG:
500 g Mehl
200 g weiche Butter
2 EL Zucker
2 Eigelb
50 ml Wasser
3 EL Orangenblütenwasser
Salz

FÜR DIE FÜLLUNG:
250 g geschälte Mandeln
100 g Zucker
1 TL abgeriebene Bio-Orangenschale
1 TL Zimtpulver
4 EL Orangenblütenwasser

AUSSERDEM:
Orangenblütenwasser zum Bepinseln
Puderzucker zum Bestäuben

 ca. 40 Min.
+ ca. 20 Min. Kühlzeit
+ ca. 20 Min. Backzeit

SCHWEDISCHE ZIMTSCHNECKEN

Kanelbullar, die köstlichen Hefeschnecken, gibt es in Schweden in jeder Bäckerei. Vergessen Sie die abgepackten Exemplare, die man bei uns kaufen kann, und probieren Sie dieses Rezept. Aber Vorsicht: Suchtgefahr!

1 Für den Hefeteig das Mehl in eine Rührschüssel geben. Die Milch lauwarm erhitzen. 3 EL Milch in einen Becher geben, die Hefe hineinbröseln, 1 EL Zucker dazugeben und glatt rühren. Die Hefe-Milch zum Mehl in die Schüssel gießen.

2 Die Butter in der restlichen Milch warm und weich werden lassen. Den restlichen Zucker, das Salz und den Kardamom zum Mehl geben. Die Milch-Butter-Mischung hinzufügen und alles zu einem glatten Teig verkneten. Zugedeckt an einem warmen Ort etwa 45 Minuten gehen lassen.

3 Den Teig nochmals durchkneten und auf Backpapier etwa 30 × 50 cm groß ausrollen. Für die Füllung die Butter zerlassen und die Teigplatte damit bepinseln. Den Zucker mit dem Zimtpulver mischen und den Teig gleichmäßig damit bestreuen.

4 Die Teigplatte von der langen Seite her aufrollen. Dann in etwa 2 cm dicke Scheiben schneiden. Die Zimtschnecken auf ein mit Backpapier belegtes Backblech legen. Dabei genügend Abstand lassen, denn der Teig geht beim Backen auf. Zimtschnecken nach Belieben mit Hagelzucker bestreuen und zugedeckt nochmals 30 Minuten gehen lassen.

5 Den Backofen auf 200 °C vorheizen. Die Zimtschnecken im Ofen auf der mittleren Schiene etwa 10 Minuten backen. Kanelbullar schmecken warm am allerbesten!

Varianten:

Natürlich gibt es auch andere Möglichkeiten, die Hefeteigschnecken lecker zu füllen: zum Beispiel mit gehackten Nüssen, Apfelmus oder fertiger Mohnfüllung aus dem Backzutatenregal.

ZUTATEN

FÜR CA. 20 STÜCK

FÜR DEN HEFETEIG:
500 g Mehl
¼ l Milch
30 g frische Hefe
90 g Zucker
250 g Butter
¼ TL Salz
1 TL gemahlener Kardamom

FÜR DIE FÜLLUNG:
50 g Butter
50 g Zucker
1 EL Zimtpulver

AUSSERDEM:
Hagelzucker zum Bestreuen
(nach Belieben)

 ca. 30 Min.
+ ca. 1¼ Std. Ruhezeit
+ ca. 10 Min. Backzeit

+ KINDERLEICHT

AUSROLLEN, FÜLLEN, AUFROLLEN, SCHNEI-
DEN, AB IN DEN OFEN — UND VERPUTZEN!

CANTUCCINI

Hätte ich schon früher gewusst, wie einfach das knusprige Mandelgebäck aus der Toskana herzustellen ist, hätte ich es nicht jahrelang für viel Geld beim Fein-kost-Italiener gekauft. Jetzt können wir gar nicht mehr aufhören zu knabbern!

1 Das Mehl mit dem Backpulver, dem Zucker, Vanillezucker, der Zitro-nenschale, dem Bittermandelaroma, der Butter und den Eiern in eine Rührschüssel geben und alles zu einem geschmeidigen Teig verkne-ten. Ist der Teig noch zu trocken, 1 bis 2 EL Orangensaft dazugeben. Dann die Mandelstifte und die gehackten Mandeln unterkneten.

2 Den Backofen auf 180 °C vorheizen. Ein Backblech mit Backpapier belegen. Den Teig in der Schüssel rundherum mit etwas Mehl bestäu-ben, denn der Teig ist sehr klebrig. Eine Hälfte vom Teig abnehmen und zu einer langen Rolle mit etwa 2 cm Durchmesser formen. Auf das Backblech legen. Die zweite Teighälfte ebenfalls zu einer Rolle formen und mit etwas Abstand neben die erste Rolle auf das Back-blech legen. Die Rollen im Ofen auf der mittleren Schiene etwa 15 Mi-nuten vorbacken.

3 Das Blech aus dem Ofen nehmen und die warmen Rollen leicht schräg in etwa 1 cm dicke Scheiben schneiden. Die Cantuccini auf die flachen Seiten legen und nochmals 10 bis 12 Minuten im Ofen auf der mittleren Schiene backen. Auskühlen lassen und in gut schließenden Keksdosen aufbewahren.

ZUTATEN

FÜR CA. 30 STÜCK
250 g Mehl
1 TL Backpulver
100 g Zucker
1 Päckchen Vanillezucker
etwas abgeriebene Bio-Zitronen-schale
6—8 Tropfen Bittermandelaroma
30 g weiche Butter
2 Eier
1—2 EL Orangensaft (nach Bedarf)
100 g Mandelstifte
50 g grob gehackte Mandeln
Mehl zum Verarbeiten

 ca. 30 Min.
+ ca. 25 Min. Backzeit

MIT GANZEN MANDELN

Sehr schön sieht es aus, wenn man statt Mandelstiften ganze Mandeln mitbackt. Dann lassen sich die Cantuccini aber oft nicht mehr so gleichmäßig schneiden.

SCHOKO-CANTUCCINI

Rühren Sie noch 2 EL ungezuckertes Ka-kaopulver unter den Teig. Wenn der Teig durch den Kakao zu trocken wird, einfach noch 2 bis 3 EL Milch dazugeben.

MIT TROCKENFRÜCHTEN

50 g Cranberrys, gehacktes Zitronat oder Orangeat unter den Teig mischen und nach Belieben einen Teil der Mandeln durch gehackte Pistazien ersetzen.

WATRUSCHKI

Watruschki heißen in Russland offen gebackene Teigstücke mit einer Quarkfül-lung. Sie werden in der Regel aus Hefeteig gebacken, wenn's schnell gehen soll, kann man aber auch Blätterteig dafür verwenden.

1 Für den Hefeteig das Mehl in eine Schüssel geben und in die Mitte eine Mulde drücken. Die Hefe hineinbröckeln und mit Zucker be-streuen. Etwa 3 EL Milch darüberträufeln und alles mit etwas Mehl bedecken. Zugedeckt etwa 15 Minuten gehen lassen. Die Butter in der restlichen Milch weich werden lassen.

2 Den Butter-Milch-Mix, 1 Prise Salz und die Eier in die Schüssel zum Mehl geben. Alles mit den Knethaken des Handrührgeräts zu einem glatten Teig verarbeiten. Zugedeckt etwa 1 Stunde gehen lassen.

3 Inzwischen für den Belag den Quark mit den Eiern, dem Zucker und dem Vanillezucker verrühren.

4 Den Teig durchkneten. Rundherum mit Mehl bestäuben und etwa fingerdick ausrollen. Mit einem Glasrand mit etwa 8 cm Durchmes-ser etwa 14 Kreise ausstechen und auf zwei mit Backpapier belegte Backbleche setzen. Mit der Unterseite eines kleineren Glases (etwa 6 cm Durchmesser) kleine Mulden für die Füllung in die Teigkreise drücken. Die Quarkmasse in die Mulden geben und je 1 TL Konfitüre in die Mitte setzen. Die Teigstücke etwa 15 Minuten gehen lassen. Inzwischen den Backofen auf 180 °C vorheizen.

5 Die Watruschki im Ofen auf der mittleren Schiene etwa 20 Minuten backen. Nach etwa 10 Minuten die Ränder mit etwas Milch bestrei-chen, damit der Teig appetitlich goldbraun wird.

ZUTATEN

FÜR CA. 14 STÜCKE

FÜR DEN HEFETEIG:
400 g Mehl
30 g frische Hefe
3 EL Zucker
150 ml lauwarme Milch
100 g Butter
Salz
2 Eier

FÜR DEN BELAG:
300 g Speisequark
2 Eier
2 EL Zucker
1 Päckchen Vanillezucker
14 TL Lieblingskonfitüre

AUSSERDEM:
Mehl zum Ausrollen
Milch zum Bepinseln

 ca. 35 Minuten
+ ca. 1½ Std. Ruhezeit
+ ca. 20 Min. Backzeit

POLNISCHER MAZUREK

Der traditionelle Mürbeteigkuchen mit Aprikosenkonfitüre und weißer Schoko-glasur schmückt in Polen gerne Festtagstafeln, vor allem zu Ostern. Er lässt sich gut vorbereiten, denn er schmeckt am besten, wenn er mindestens einen Tag durchgezogen ist.

1 Für den Mürbeteig alle Teigzutaten gründlich verkneten. Den Teig zu einer dicken Platte formen, in Frischhaltefolie wickeln und etwa 30 Minuten in den Kühlschrank stellen.

2 Den Backofen auf 180 °C vorheizen. Etwa zwei Drittel des Teiges rundherum mit Mehl bestäuben und auf Backpapier etwa 1 cm dick zu einem Rechteck von etwa 25 × 20 cm ausrollen. Die Ränder gerade schneiden.

3 Den übrigen Teig noch mal gut verkneten, zu 1 cm dicken Strängen rollen und rundherum an den Rand der Teigplatte setzen. Die Enden gut zusammendrücken. Den Teig mit dem Backpapier auf ein Back-blech ziehen. Im Ofen auf der mittleren Schiene etwa 25 Minuten backen. Etwas abkühlen lassen.

4 Für den Belag die Kuvertüre in Stücke brechen und in einer Schüssel über dem warmen Wasserbad langsam unter Rühren schmelzen. Da-rauf achten, dass die Schokolade nicht zu heiß wird, sonst klumpt sie.

5 Die Konfitüre mit 1 EL heißem Wasser glatt rühren und die Teigplat-te damit gleichmäßig bestreichen. Die Mandeln in einer Pfanne ohne Fett goldbraun rösten und gleichmäßig auf der Konfitüre verteilen.

6 Die weiße Kuvertüre in die Mitte des Kuchens gießen und mit einem langen Messer vorsichtig auf dem Kuchen verteilen. Für die Garnie-rung in Abständen Kirschen auf den Kuchen setzen und rundherum Mandeln legen. Den Kuchen mit gehackten Pistazien bestreuen.

ZUTATEN

FÜR CA. 12 KLEINE STÜCKE

FÜR DEN MÜRBETEIG:
300 g Mehl
200 g weiche Butter
70 g Puderzucker
1 Ei
6 Tropfen Bittermandelaroma
Mehl zum Ausrollen

FÜR DEN BELAG:
200 g weiße Kuvertüre
4 EL Aprikosenkonfitüre
50 g Mandelblättchen

ZUM GARNIEREN:
Belegkirschen
ganze, geschälte Mandeln
gehackte Pistazien

 ca. 35 Min.
+ ca. 30 Min. Kühlzeit
+ ca. 25 Min. Backzeit

+ AUFGEHÜBSCHT
JE ZWEI DÜNNE TEIGSTRÄNGE ZU EINER ART
KORDEL ZUSAMMENDREHEN UND DANN AUF DIE
RÄNDER DER MÜRBETEIGPLATTE SETZEN.

+ MIT LIEBE
GEBASTELT

WER SAGT DA SCHON NEIN
ZU EINER EINLADUNG
ZUM KAFFEEKRÄNZCHEN?

Einladung zum kaffee klatsch

EINLADUNGSKARTE

DAFÜR BRAUCHT MAN:
- DRUCKER & PAPIER
- FOTOKARTON
- KLEBER
- SCHERE
- ALTE ZEITUNGEN
  & ZEITSCHRIFTEN
- GEMUSTERTES
  GESCHENKPAPIER

① VORLAGE KAFFEEKANNE
AUS DEM INTERNET
HERUNTERLADEN &
AUSDRUCKEN. ↓ S.200

ODER SELBST EINE
KANNE ZEICHNEN.
DIE KANNE AUF FOTOKARTON
KLEBEN & AUSSCHNEIDEN.

② AUS ALTEN ZEITUNGEN
UND ZEITSCHRIFTEN
EINZELNE BUCHSTABEN
HERAUSSUCHEN, AUS-
SCHNEIDEN, ZU WORTEN
FORMEN & AUF DIE
KAFFEEKANNE KLEBEN.

③ GEMUSTERTES
GESCHENKPAPIER AUF
FOTOKARTON KLEBEN,
DANN DIE KANNE
AUFKLEBEN.

VARIANTE: MAN KANN
DIE KARTE NATÜRLICH
AUCH PER HAND
BESCHRIFTEN
ODER STEMPEL BUCH-
STABEN BENUTZEN.

PORTUGIESISCHE VANILLETÖRTCHEN

Portugal hat unzählige Gebäckspezialitäten, aber besonders verführerisch sind die Pasteis de nata. Die schmecken natürlich in Lissabon am allerbesten, aber dieses vereinfachte Rezept ist auch nicht zu verachten. Meine Kinder lieben es!

1 Den Backofen auf 200 °C vorheizen. Den Blätterteig entweder in 10 Quadrate schneiden oder zu 10 Kreisen mit etwa 10 cm Durchmesser ausstechen. Teigreste dabei nicht verkneten, sondern aufeinanderdrücken und ausrollen. Ein Muffinblech mit kaltem Wasser ausspülen und die Mulden mit den Teigstücken auslegen.

2 Von der Milch etwa 100 ml abnehmen und mit dem Puddingpulver, dem Zucker und dem Vanillezucker glatt rühren. Die Sahne mit der restlichen Milch in einem Topf zum Kochen bringen. Angerührtes Puddingpulver unterrühren, kurz aufkochen. Topf vom Herd nehmen und das Eigelb unterrühren. Topf nicht mehr auf die heiße Herdplatte stellen, sonst kann das Eigelb gerinnen.

3 Den Sahnepudding auf dem Blätterteig verteilen und die Törtchen im Ofen auf der mittleren Schiene etwa 20 Minuten backen. Mit Zimt bestäuben und warm genießen.

Tipp:

Ich mache portugiesische Vanilletörtchen gerne als Nachtisch, wenn Gäste kommen. Sie lassen sich perfekt vorbereiten und dann jederzeit einfach in den Ofen schieben.

ZUTATEN

FÜR 10 TÖRTCHEN
1 Packung frischer Blätterteig
(ca. 275 g; Kühlregal)
400 ml Milch
2 Päckchen Vanillepudding-
pulver
3 EL Zucker
1 Päckchen Vanillezucker
200 g Sahne
1 Eigelb
Zimtpulver zum Bestäuben

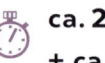 ca. 25 Min.
+ ca. 20 Min. Backzeit

 1 Muffinblech mit 12 Mulden

GANZ FIX

AMERIKANISCHE BROWNIES

Die leckeren Häppchen aus den USA sind ein Must-have für alle Schokoholics. Nimmt man statt dunkler Kuvertüre weiße Kuvertüre für den Teig, bekommt man appetitliche Blondies. Zum Anbeißen!

1 Für den Teig den Backofen auf 180 °C vorheizen. Ein Backblech mit Backpapier belegen. Die Kuvertüre in Stücke brechen und über dem warmen Wasserbad bei schwacher Hitze schmelzen.

2 Die Eier mit der Butter und dem Zucker schaumig rühren. Die flüssige Kuvertüre unterrühren. Haselnüsse, Mandeln, Mehl und Backpulver dazugeben und unterrühren.

3 Den Teig etwa 1 cm dick auf das Backblech streichen und im Ofen auf der mittleren Schiene etwa 20 Minuten backen. Die Ränder nach Belieben gerade schneiden und die Teigplatte abkühlen lassen.

4 Für die Glasur die dunkle oder weiße Kuvertüre in Stücke brechen und über dem warmen Wasserbad bei schwacher Hitze schmelzen. Die Teigplatte damit überziehen. Sobald die Kuvertüre angetrocknet, aber noch nicht ganz fest ist, die Teigplatte mit einem scharfen Messer in Rechtecke schneiden.

ZUTATEN

FÜR CA. 20 STÜCKE

FÜR DEN TEIG:
150 g Zartbitterkuvertüre
3 Eier
200 g weiche Butter
150 g Zucker
100 g gehackte Haselnüsse
50 g gehackte Mandeln
200 g Mehl
1 TL Backpulver

FÜR DIE GLASUR:
250 g Vollmilch-, Zartbitter- oder weiße Kuvertüre

 ca. 40 Min.
+ ca. 20 Min. Backzeit

KINDER-LIEBLING

NEW YORK CHEESECAKE

Echtes Soulfood aus der Stadt, die niemals schläft. Dort wird allerdings ausschließlich Doppelrahmfrischkäse dafür verwendet. In meinem Rezept ersetze ich einen Teil des Frischkäses durch Magerquark. Schmeckt ebenso gut, macht den Kuchen aber etwas leichter.

ZUTATEN

1 Den Backofen auf 160 °C vorheizen. Die Butter zerlassen. Die Kekse in einen Gefrierbeutel füllen und mit dem Nudelholz oder den Handflächen fein zerbröseln.

2 Die Springform mit etwas zerlassener Butter einfetten. Die restliche Butter in einer kleinen Schüssel mit den Keksen vermischen und die Krümelmasse in die Form füllen. Die Kekskrümel festdrücken. Das geht am besten mit dem Boden eines Trinkglases.

3 Den Frischkäse mit dem Magerquark und den Eiern in eine Schüssel füllen. Den Zucker, die Speisestärke, Vanillezucker, Vanillearoma und Orangenschale dazugeben und alles etwa 5 Minuten schaumig rühren. Die Mischung auf den Kekskrümelboden gießen und den Kuchen im Ofen auf der mittleren Schiene etwa 1 Stunde backen.

**FÜR 1 SPRINGFORM
MIT 26 CM DURCHMESSER**
75 g Butter
200 g Haferflocken- oder Butterkekse
600 g Doppelrahmfrischkäse
250 g Magerquark
4 Eier
130 g Zucker
2 EL Speisestärke
1 Päckchen Vanillezucker
1 Röhrchen Vanillearoma
1 TL abgeriebene Bio-Orangenschale

 **ca. 25 Min.
+ ca. 1 Std. Backzeit**

MIT FRUCHTKOMPOTT

300 g Kirschen ohne Stein, Heidelbeeren oder Himbeeren mit 1 bis 2 EL Zucker erhitzen. 1 EL Speisestärke mit etwas Wasser anrühren, zu den Früchten geben und einmal aufkochen. Zum Kuchen servieren.

MIT FRUCHTPÜREE

Eine Sauce aus pürierten, leicht gezuckerten Früchten, zum Beispiel aus Erdbeeren, Himbeeren, Heidelbeeren oder Johannisbeeren, zum Cheesecake servieren.

CHOCOLATE CHEESE

150 g Zartbitter- oder Vollmilchkuvertüre in Stücke brechen, über dem warmen Wasserbad langsam schmelzen und unter die Frischkäsemasse rühren.

GANZ EASY

+ TIPP

STATT KEKSKRÜMELN KÖNNEN SIE
AUCH EINEN MÜRBETEIGBODEN
FÜR DEN CHEESECAKE VERWENDEN.

**Fernwehrezepte für einen Kurzurlaub vom Alltag.
Gemeinsam Ferienrezepte backen, Fotos anschauen
und in Erinnerungen schwelgen.**

....

....

....

....

....

....

....

....

....

....

....

....

....

....

UNSERE LIEBSTEN URLAUBS- REZEPTE

KAPITEL 4

FÜR FESTE & GÄSTE

Aufwendig verzierte Cremetorten oder Doppeldecker werden Sie
in diesem Kapitel vergeblich suchen. Dafür gibt es festliche Torten,
die zu vielen Gelegenheiten passen und die auch Ungeübten
beim ersten Mal gelingen. Außerdem raffinierte Kuchen, für die Sie
dennoch nicht lange in der Küche stehen müssen, sowie fruchtige
Blechkuchen, mit denen Sie auch viele Gäste bewirten und
die Sie herrlich vielseitig variieren können. Und Ihre Lieben?
Werden begeistert sein!

YUMMY!

HERZIGE RICOTTA-MANDEL-TORTE

Eine Torte in Herzform passt zu vielen Gelegenheiten: Geburtstag, Hochzeitstag, Taufe, Firmung, Konfirmation, Valentinstag oder einfach, wenn man jemandem zeigen will, dass man an ihn denkt.

1 Für den Rührteig den Backofen auf 180 °C vorheizen. Die Herzform einfetten. Die Eier mit der Butter, dem Zucker und dem Bittermandelaroma schaumig schlagen. Ricotta und Zitronensaft unterrühren. Erst die Mandeln, dann Mehl und Backpulver nur kurz unterrühren. Den Teig in die Form füllen und im Ofen auf der mittleren Schiene etwa 45 Minuten backen. Aus dem Ofen nehmen und abkühlen lassen.

2 Für den Guss den Puderzucker mit dem Zitronensaft zähflüssig verrühren. Mit roter Speisefarbe in der gewünschten Farbnuance einfärben. Der Guss darf nicht zu flüssig sein, damit es eine schöne, glatte Oberfläche gibt.

3 Den Herzkuchen auf ein großes, mit Brotpapier ausgelegtes Brett setzen. Den Zuckerguss langsam auf die Mitte des Herzkuchens gießen. Dann mit einer Palette oder einem großen Messer von der Mitte aus nach allen Seiten verteilen. Der Guss läuft dabei über den Rand und kann dann auch dort gleichmäßig verteilt werden.

4 Den Guss erst ganz fest werden lassen, dann die Torte auf eine Tortenplatte setzen. Nach Belieben mit Oblaten-Blumen, Zuckerdekor oder Pralinen verzieren.

Tipp:

Keine Herzform zur Hand? Sie können den Kuchen auch in einer Springform mit 26 cm Durchmesser backen und ein großes Herz aus ausgerolltem, rot eingefärbtem Marzipan oder Rollfondant darauflegen. Das wirkt besonders schön, wenn Sie den Kuchen vorher mit weißer Kuvertüre oder mit weißem Rollfondant überziehen. Auch weißer Zuckerguss ist möglich.

ZUTATEN

**FÜR 1 HERZFORM
MIT 25 CM DURCHMESSER**

FÜR DEN RÜHRTEIG:
Butter für die Form
5 Eier
200 g weiche Butter
150 g Zucker
2–3 Tropfen Bittermandelaroma
250 g Ricotta
3 EL Zitronensaft
100 g gemahlene Mandeln
250 g Mehl
½ Päckchen Backpulver

FÜR DEN GUSS:
250 g Puderzucker
ca. 7 EL Zitronensaft
rote Speisefarbe (Tube)

AUSSERDEM:
Oblaten-Blumen, Zuckerdekor oder Pralinen (nach Belieben)

 ca. 30 Min.
+ ca. 45 Min. Backzeit

GEBURTSTAGSTORTE MIT SCHOKOKUSS-KERZEN

Die Geburtstagskerzen auf diesem Kuchen dürften Sie ja eigentlich unbeaufsichtigt lassen. Statt Brandgefahr besteht aber hier das Risiko, dass sie klammheimlich stibitzt und vernascht werden ...

1 In einer Schüssel 100 g Kuvertüre über dem warmen Wasserbad langsam schmelzen. Den Backofen auf 180 °C vorheizen. Die Springform einfetten.

2 Die Eier trennen. Die Eiweiße zu steifem Schnee schlagen. Die Eigelbe mit der Butter, dem Zucker und der gemahlenen Vanilleschote dickschaumig schlagen. Die geschmolzene Kuvertüre unterrühren. Dann Mehl, Backpulver und Eischnee dazugeben und nur kurz unterrühren. Den Teig in die Springform füllen und im Ofen auf der mittleren Schiene etwa 50 Minuten backen. Aus dem Ofen nehmen und abkühlen lassen.

3 Die übrige Kuvertüre in einer Schüssel über dem warmen Wasserbad langsam schmelzen. Inzwischen nach Belieben Marzipan mit etwas gelber und roter Speisefarbe orange einfärben. Kleine Stückchen davon zwischen den Finger zu einer Kerzenflamme formen und jeweils oben auf einen Schokokuss drücken.

4 Den Kuchen mit der Kuvertüre überziehen. Das geht am besten, wenn man die Kuvertüre langsam auf die Mitte fließen lässt und sie dann mit einer Palette oder einem langen Messer zu allen Seiten hin verteilt. Die Kuvertüre kurz fest werden lassen. Dann, so lange sie noch feucht ist, die Schokokuss-Kerzen rundherum auf den Kuchen setzen.

Tipp:

Statt Schokoglasur können Sie auch eine fertig gekaufte Marzipandecke auf den Kuchen legen. Oder Sie bestäuben ihn dick mit Puderzucker. Dann sollten Sie die Schokokuss-Kerzen aber mit etwas Zuckerguss auf dem Kuchen befestigen. Es gibt auch speziellen Kuchenkleber auf Eiweißbasis für solche Fälle.

ZUTATEN

**FÜR 1 SPRINGFORM
MIT 26 CM DURCHMESSER**
450 g weiße Kuvertüre
Fett für die Form
6 Eier
300 g weiche Butter
150 g Zucker
1 TL gemahlene Vanilleschote
350 g Mehl
1 Päckchen Backpulver
ca. 20 g Marzipanrohmasse
6 weiße Schokoküsse
(nach Belieben groß oder klein)
gelbe und rote Speisefarbe
(aus der Tube; nach Belieben)

 ca. 45 Min.
+ ca. 50 Min. Backzeit

+ FARBWECHSEL

SIEHT AUCH SCHÖN MIT DUNKLEN
SCHOKOKÜSSEN AUS!

+ BLONDIE

MIT EINEM BISKUIT OHNE
KUVERTÜRE WIRD'S EIN
SCHNEEWEISSCHENKUCHEN.

SCHNEEWITTCHENTORTE

Das war meine erste Muttertagstorte, die mir meine Tochter Annika gebacken hat. Sie ist also kinderleicht zuzubereiten, macht aber richtig Eindruck.

1 Die Kuvertüre über dem warmen Wasserbad schmelzen. Darauf achten, dass sie nicht zu heiß wird, sonst klumpt sie. Den Backofen auf 180 °C vorheizen. Die Springform einfetten.

2 Die Eier trennen. Die Eiweiße steif schlagen. Die Eigelbe mit der Butter und 100 g Zucker schaumig rühren. Drei Viertel der Kuvertüre unter die Eigelbmasse mischen. Mehl und Eischnee unterrühren und den Teig in die Form füllen.

3 Die gefrorenen Kirschen gleichmäßig auf dem Teig verteilen. Den Kuchen im Ofen auf der mittleren Schiene etwa 35 Minuten backen. Aus dem Ofen nehmen und in der Form abkühlen lassen.

4 Die Gelatine in etwas Wasser etwa 10 Minuten einweichen. Die Sahne steif schlagen und mit dem restlichen Zucker und gemahlener Vanilleschote unter den Quark rühren.

5 Die Gelatine ausdrücken und in einem kleinen Topf unter Rühren erwärmen und dabei auflösen. Erst 3 bis 4 EL Sahne-Quark-Masse unter die Gelatine rühren, dann die verrührte Masse unter den übrigen Sahnequark rühren. Die Creme auf den abgekühlten Kuchen in der Springform gießen. Etwa 1 Stunde kühl stellen. Dann etwa 15 Minuten bei Zimmertemperatur stehen lassen.

6 Die restliche Kuvertüre noch mal erhitzen und flüssig werden lassen. Den Tortenguss nach Packungsanweisung zubereiten und auf die Creme gießen. Zuletzt die Kuvertüre mit einem Teelöffel in feinen Linien über den Guss laufen lassen. Die Torte nach Belieben mit frischen Kirschen garniert servieren.

Tipp:

Wem das Marmormuster auf dem Guss zu knifflig ist: Der Kuchen sieht auch nur mit Tortenguss schön aus. Dann reicht allerdings 1 Päckchen Tortenguss.

HIMBEERTORTE MIT MOHNBISKUIT

1 Für den Biskuit den Backofen auf 180 °C vorheizen. Die Springform einfetten. Die Eier trennen. Die Eiweiße zu steifem Schnee schlagen.

2 Die Eigelbe mit der Butter und dem Zucker dickschaumig schlagen. Die Mohnfüllung unterrühren. Das Mehl, die Speisestärke, das Backpulver und den Eischnee dazugeben und alles nur kurz verrühren. Biskuit in die Springform füllen und im Ofen auf der mittleren Schiene etwa 15 Minuten backen. Herausnehmen und abkühlen lassen.

3 Für die Creme Mascarpone mit dem Joghurt und der Mohnmischung verquirlen. Für den Belag die Himbeeren nur kurz und vorsichtig in einem Sieb abbrausen, abtropfen lassen und zum Trocknen auf Küchenpapier ausbreiten.

4 Den Mohnbiskuit auf eine Tortenplatte setzen. Die Creme auf dem Biskuitboden verstreichen oder nach Belieben mit dem Spritzbeutel in Tupfen daraufsetzen und mit den Himbeeren belegen. Kurz vor dem Servieren mit Puderzucker bestäuben.

ZUTATEN

**FÜR 1 SPRINGFORM
MIT 26 CM DURCHMESSER**

FÜR DEN BISKUIT:
Butter für die Form
4 Eier
60 g weiche Butter
60 g Zucker
150 g backfertige Mohnfüllung
80 g Mehl
30 g Speisestärke
1 TL Backpulver

FÜR CREME UND BELAG:
150 g Mascarpone
50 g Naturjoghurt
100 g backfertige Mohnfüllung
400 g Himbeeren
Puderzucker zum Bestäuben

 **ca. 30 Minuten
+ ca. 15 Min. Backzeit**

OHNE MOHN

Sowohl der Biskuit als auch die Mascarponecreme lassen sich ohne Mohnfüllung zubereiten. Die Creme braucht dann aber noch etwas Zucker.

MIT FRISCHKÄSECREME

Als Creme schmeckt auch eine schnell gerührte Mischung aus 150 g Frischkäse, 50 g Sahne, 100 g pürierten Himbeeren und 3 EL Zucker.

FRUCHTWECHSEL

Die Torte können Sie ebenso mit Erdbeeren, Brombeeren, Johannisbeeren, Birnen oder Kirschen belegen. In den Wintermonaten sind Mangos perfekt.

GANZ EASY

SCHOKOLADENTORTE MIT MANDELN

Der Lieblingskuchen meines Sohnes. Nicht nur, weil er herrlich saftig ist. Als Tobias klein war, meinte er, er müsse möglichst oft Schokolade essen, damit seine Augen die schöne braune Farbe behielten.

1 Die Kuvertüre über dem warmen Wasserbad bei schwacher Hitze schmelzen. Den Backofen auf 180 °C vorheizen. Die Springform einfetten und nach Belieben mit gehobelten Mandeln ausstreuen.

2 Die Eier trennen. Die Eiweiße zu steifem Schnee schlagen. Eigelbe mit der Butter und dem Zucker schaumig schlagen. Erst die flüssige Kuvertüre, dann die Mandeln und das Kakaopulver untermischen.

3 Den Teig in die Form füllen. Im Ofen auf der mittleren Schiene etwa 30 Minuten backen. Leicht abgekühlt mit Puderzucker bestäuben.

Tipps:

Der Kuchen wird besonders saftig, wenn Sie die Mandeln frisch und nicht ganz fein mahlen.

Mit Schlagsahne schmeckt der Kuchen am allerbesten. Für die Erwachsenen darf ruhig ein Schuss Eierlikör untergerührt werden. Auch Kaffee- oder Schokolikör sind perfekt.

Der Kuchen soll gerade so durchgebacken sein. Bleibt er zu lange im Ofen, verliert er an Saftigkeit.

Wer mag, legt eine Tortenschablone auf den Puderzucker und siebt mit Kakaopulver ein Muster auf die Torte.

ZUTATEN

**FÜR 1 SPRINGFORM
MIT 28 CM DURCHMESSER**
**200 g Zartbitter- oder
Vollmilchkuvertüre**
**Butter und gehobelte Mandeln
(nach Belieben) für die Form**
5 Eier
200 g weiche Butter
150 g Zucker
250 g gemahlene Mandeln
2 EL Kakaopulver
Puderzucker zum Bestäuben

 **ca. 30 Min.
+ ca. 30 Min. Backzeit**

KINDER-
LIEBLING

ERDBEERKUCHEN MIT VANILLECREME

Knuspriger Mürbeteig mit feiner Vanillecreme und fruchtigen Erdbeeren – am besten frisch vom Feld. Und wenn noch Beeren übrig sind, gibt's zum Kuchen einen selbst gemixten Erdbeersmoothie.

1 Für den Mürbeteig den Backofen auf 180 °C vorheizen. Die Springform einfetten. Das Mehl mit der Butter, dem Zucker, 1 Prise Salz und dem Backpulver zu einem glatten Teig verkneten.

2 Den Teig in die Springform geben. Mit den Händen gleichmäßig verteilen und glatt drücken. Im Ofen auf der mittleren Schiene etwa 35 Minuten backen. Herausnehmen und abkühlen lassen.

3 Für die Creme die Eigelbe mit dem Zucker, dem Vanillemark und der Speisestärke schaumig schlagen. Die Milch zum Kochen bringen. Die Eiercreme unterrühren, nur kurz andicken lassen und sofort von der Herdplatte nehmen, damit die Eigelbe nicht gerinnen. Die Creme auf dem Mürbeteigboden gleichmäßig verstreichen. Abkühlen lassen.

4 Die Erdbeeren waschen und trocken tupfen. Die Kelchblätter abzupfen und die Früchte nach Belieben in Scheiben schneiden oder halbieren. Gleichmäßig auf der Vanillecreme verteilen. Den Kuchen kurz vor dem Servieren mit Puderzucker bestäuben.

Tipps:

Der Kuchen schmeckt ebenso gut mit allen anderen Beeren. Durch die süße Creme eignen sich auch säuerliche Johannisbeeren oder Stachelbeeren.

Wenn's schnell gehen soll, kann man auch mal eine backfeste Puddingcreme aus dem Beutel zubereiten. Oder: eine fix gerührte Mischung aus Mascarpone, Joghurt und Vanillezucker.

ZUTATEN

FÜR 1 SPRINGFORM MIT 26 CM DURCHMESSER

FÜR DEN MÜRBETEIG:
Butter für die Form
250 g Mehl
200 g weiche Butter
80 g Zucker
Salz
1 TL Backpulver

FÜR CREME UND BELAG:
3 Eigelb
2 EL Zucker
ausgekratztes Mark von 1 Vanilleschote
2 gestrichene EL Speisestärke
¼ l Milch
500 g Erdbeeren
Puderzucker zum Bestäuben

 ca. 35 Min.
+ ca. 35 Min. Backzeit

SOMMERFRISCHE LIMETTENTARTE

Herrlich erfrischend mit cremiger Limettenfüllung. Schmeckt auch als Dessert.

1 Den Backofen auf 180 °C vorheizen. Für den Mürbeteig die Backform einfetten. Die weiche Butter mit dem Zucker, 1 Prise Salz, dem Ei und dem Mehl erst mit den Knethaken des Handrührgeräts, dann mit den Händen zu einem glatten Teig verkneten. Den Teig mit den Handflächen in die Backform drücken, dabei einen kleinen Rand formen.

2 Für die Creme die Eier mit dem Zucker verquirlen, den Limettensaft und den Schmand nur kurz unterrühren. Die Masse auf den Teig gießen. Den Kuchen im Ofen auf der mittleren Schiene etwa 45 Minuten backen. Darauf achten, dass die Oberfläche nicht dunkel wird. Wenn nötig, mit Alufolie abdecken. Den Kuchen aus dem Ofen nehmen und nach Belieben mit geviertelten Limettenscheiben garnieren.

Tipps:

Die Limettenscheiben für die Garnierung glänzen schön, wenn Sie etwas Wasser mit 2 EL Zucker aufkochen und die Limettenscheiben darin eintauchen, bevor Sie sie auf die Tarte legen. Unbedingt eine Gabel benutzen, das Zuckerwasser wird sehr heiß.

Festlicher sieht die Tarte aus, wenn Sie rundherum Sahnetupfen daraufspritzen und etwas abgeriebene Bio-Limettenschale oder gehackte Pistazien darüberstreuen.

ZUTATEN

FÜR 1 SPRING- ODER TARTEFORM MIT 26 CM DURCHMESSER

FÜR DEN MÜRBETEIG:
Butter für die Form
200 g weiche Butter
80 g Zucker
Salz
1 Ei
200 g Mehl

FÜR DIE CREME:
4 Eier
150 g Zucker
Saft von 3—4 Limetten (150 ml)
200 g Schmand
Bio-Limettenscheiben
zum Garnieren (nach Belieben)

 ca. 25 Min.
+ ca. 45 Min. Backzeit

+ TRÈS
FRANÇAIS

STATT LIMETTEN KÖNNEN
SIE AUCH ZITRONEN VER-
WENDEN.

KREATIV

STATT MIT NAMEN SEHEN
DIE TISCHKARTEN AUCH
MIT FOTOS GUT AUS.

APFELTISCHKARTEN

DAFÜR BRAUCHT MAN:
- DRUCKER
- DRUCKERPAPIER
- SCHERE
- VERSCHIEDENE GRÜNE PAPIERE
- BLEISTIFT
- ALTE ZEITUNG
- KLEBER
- ABC-STEMPELSET
- STEMPELKISSEN
- KLEBEBUCHSTABEN
- SCHASCHLIKSPIEßE
- BUNTE BÄNDER

① VORLAGEN APFEL-SCHABLONE AUS DEM INTERNET HERUNTER-LADEN, AUSDRUCKEN & AUSSCHNEIDEN. ↓ SIEHE S. 200

② DIE MOTIVE AUF GRÜNE PAPIERE LEGEN, MIT BLEISTIFT UMZEICHNEN, DANN AUSSCHNEIDEN.

③ BUCHSTABEN FÜR DIE NAMEN AUS ZEITUNG AUSSCHNEIDEN UND AUF DIE ÄPFEL KLEBEN, AUFSTEMPELN ODER KLEBEBUCHSTABEN VERWENDEN.

④ ÄPFEL AUF DIE SCHASCHLIKSPIEßE KLEBEN, BUNTE BÄNDER UM DIE SPIEßE WICKELN & VERKNOTEN — FERTIG!

APFELTARTE MIT MARZIPAN

Knuspriger Mürbeteig mit süßen Früchten der Saison ist schnell im Ofen und lässt sich herrlich vielseitig variieren.

1 Den Backofen auf 180 °C vorheizen. Die Backform einfetten und nach Belieben mit gehobelten Mandeln ausstreuen.

2 Das Mehl mit der Butter, dem Zucker, 1 Prise Salz und dem Eigelb zu einem glatten Teig verkneten. Den Teig in die Backform geben. Mit den Händen gleichmäßig verteilen und glatt drücken.

3 Die Marzipanrohmasse in dünne Scheiben schneiden und gleichmäßig auf dem Teig verteilen. Die Äpfel schälen, vierteln, entkernen und in Spalten schneiden. Den Teig gleichmäßig mit den Apfelspalten belegen. Im Ofen auf der mittleren Schiene etwa 50 Minuten backen.

Tipps:

Wer kein Marzipan mag, lässt es weg und bestreut dafür die Äpfel mit Zimtzucker und Pinienkernen oder gehobelten Mandeln.

Zur klassischen Tarte wird dieses Rezept, wenn Sie das Marzipan weglassen und den noch warmen Kuchen nach dem Backen mit glatt gerührter Aprikosenkonfitüre bestreichen. Konditoren nennen das „aprikotieren". Es geht ihnen dabei um den Schutz der Früchte und einen appetitlichen Glanz. Ich rühre gerne noch etwas Zimtpulver unter die Konfitüre.

Die klassische Tarte schmeckt mit vielerlei Obst: Mit Aprikosen, Birnen, Nektarinen, Zwetschgen – probieren Sie's aus!

ZUTATEN

**FÜR 1 TARTE- ODER SPRINGFORM
MIT 26 CM DURCHMESSER**
Butter und gehobelte Mandeln
(nach Belieben) für die Form
250 g Mehl
250 g weiche Butter
80 g Zucker
Salz
1 Eigelb
100 g Marzipanrohmasse
4–5 säuerliche Äpfel

 ca. 25 Min.
+ ca. 50 Min. Backzeit

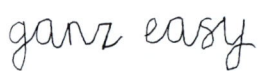 *ganz easy*

HEIDELBEERKUCHEN MIT GUSS

Einer meiner persönlichen Favoriten. Schmeckt raffiniert und ist wirklich ganz einfach nachzumachen.

1 Für den Mürbeteig den Backofen auf 180 °C vorheizen. Die Backform einfetten. Das Mehl mit der Butter, dem Zucker und dem Eigelb zu einem glatten Teig verkneten. Den Teig in die Backform geben, mit den Händen gleichmäßig verteilen und dabei glatt drücken.

2 Für den Belag die Heidelbeeren waschen und in einem Sieb gut abtropfen lassen. Die Eier mit dem Quark, dem Zucker und dem Vanillezucker kurz verquirlen, nicht schaumig rühren.

3 Die Heidelbeeren auf dem Teig verteilen. Die Quarkmasse gleichmäßig über die Beeren gießen. Den Kuchen im Ofen auf der mittleren Schiene etwa 50 Minuten backen.

Tipps:

Außerhalb der Heidelbeersaison können Sie tiefgekühlte Heidelbeeren verwenden und unaufgetaut auf dem Teig verteilen.

Statt Heidelbeeren schmecken auch Johannisbeeren, Stachelbeeren, Himbeeren oder Kirschen.

Der Quark lässt sich durch saure Sahne oder Ricotta ersetzen.

ZUTATEN

FÜR 1 TARTE- ODER SPRINGFORM MIT 26 CM DURCHMESSER

FÜR DEN MÜRBETEIG:
Butter für die Form
200 g Mehl
200 g weiche Butter
80 g Zucker
1 Eigelb

FÜR DEN BELAG:
400 g Heidelbeeren
2 Eier
250 g Speisequark
70 g Zucker
1 Päckchen Vanillezucker

 ca. 25 Min.
+ ca. 50 Min. Backzeit

GANZ EASY

SCHNELLE BLÄTTERTEIG-APFELBLÜTEN

1 Den Backofen auf 200 °C vorheizen. Sechs Mulden eines Muffinblechs entweder einfetten oder mit Papierbackförmchen auslegen.

2 Den Blätterteig in 6 lange, etwa 4 cm breite Streifen schneiden. Jeden Streifen dünn mit etwa 1 TL Orangenmarmelade bestreichen. Den Zucker mit etwas Zimtpulver verrühren und die Mischung gleichmäßig auf die Marmelade streuen.

3 Die Äpfel waschen, trocken reiben, halbieren und die Kerngehäuse herausschneiden. Die Apfelhälften auf einem Gemüsehobel in sehr dünne Spalten hobeln – das ist sehr wichtig, denn nur mit dünnen Apfelspalten lassen sich die Blüten schön aufrollen.

4 Die Apfelspalten jeweils so nebeneinander auf die Blätterteigstreifen legen, dass sie leicht überlappen und oben etwa 1 cm hoch über dem Teig herausragen. Die Apfelspalten können entweder quer oder längs leicht überlappend auf den Teig gelegt werden.

5 Die Teigstreifen an der Unterkante jeweils etwa 1 cm breit hochklappen und dann gleichmäßig fest aufrollen. Jede Blüte in eine Mulde des Muffinblechs setzen und im Ofen auf der mittleren Schiene etwa 25 Minuten backen. Damit die Blüten nicht zu dunkel werden, der Teig aber auch in der Mitte durchgebacken ist, die letzten 5 Minuten im ausgeschalteten Backofen noch etwas nachbacken lassen. Mit Puderzucker bestäuben und am besten warm genießen.

ZUTATEN

FÜR 6 STÜCK
Butter oder Papierbackförmchen für das Muffinblech
1 Packung frischer Blätterteig (ca. 275 g; Kühlregal)
5–6 TL Orangenmarmelade
2 TL Zucker
Zimtpulver
1½ Äpfel (am besten süßsauer, fest und mit roter Schale)
Puderzucker zum Bestäuben

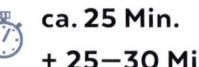 ca. 25 Min.
+ 25–30 Min. Backzeit

1 Muffinblech mit 12 Mulden

GANZ FIX

SAHNESCHNITTCHEN

Hübsch anzuschauen und perfekt für viele Gäste: Denn aus diesem Rezept bekommen Sie 28 Stückchen Torte. Die Früchte für die Dekoration variieren Sie einfach nach Lust und Jahreszeit.

1 Für den Teig den Backofen auf 180 °C vorheizen. Die Springform einfetten. Die Butter zerlassen. Die Eier trennen. Die Eiweiße steif schlagen.

2 Die Eigelbe mit dem Zucker schaumig schlagen. Die zerlassene Butter, den Eischnee und das Mehl hinzufügen und nur kurz unterrühren. Den Teig in die Form füllen und im Ofen auf der mittleren Schiene etwa 20 Minuten backen. Herausnehmen und abkühlen lassen.

3 Für die Käsesahne die Gelatine in einem kleinen Topf mit etwas kaltem Wasser verrühren, etwa 10 Minuten quellen lassen. Die Sahne steif schlagen.

4 Den Quark mit dem Zitronensaft und dem Zucker verrühren. Die Sahne unterrühren. Die Gelatine bei milder Hitze auflösen. Damit sie nicht klumpt, erst etwa 5 EL Käsesahnecreme unter die Gelatine mischen und die Mischung erst dann unter die restliche Creme rühren.

5 Den Tortenboden mit einem langen Messer vom Blech lösen, aber in der Springform lassen. Die Käsesahne auf dem Boden verteilen. Mindestens 2 Stunden im Kühlschrank fest werden lassen.

6 Für die Deko die Mango schälen und in dünne Scheiben schneiden. Mit einem kleinen Ausstecher 28 Motive daraus ausstechen, z.B. Blümchen, Herzen oder Sterne. Die Motive gleichmäßig auf der Creme verteilen.

7 Für den Guss das Tortengusspulver mit Zucker und Wasser nach Packungsanweisung zubereiten, dabei etwa 4 EL Wasser durch Zitronensaft ersetzen. Den warmen Tortenguss gleichmäßig über dem Kuchen mit den Mangostücken verteilen. Fest werden lassen und in 28 Stücke schneiden.

ZUTATEN

FÜR 1 RECHTECKIGE SPRINGFORM MIT 35×23 CM

FÜR DEN TEIG:
Butter für die Form
100 g Butter
6 Eier
150 g Zucker
150 g Mehl

FÜR DIE KÄSESAHNE:
2 Päckchen gemahlene Gelatine
400 g Sahne
750 g Magerquark
100 ml Zitronensaft
150 g Zucker

FÜR DEKO UND GUSS:
1 große reife Mango
2 Päckchen klarer Tortenguss
4 EL Zucker
4 EL Zitronensaft

 ca. 45 Min.
+ ca. 20 Min. Backzeit
+ ca. 2 Std. Kühlzeit

+ **EXTRAFRUCHTIG**

200 GRAMM FRÜCHTE, BEISPIELSWEISE
MANGOS, ERDBEEREN ODER HIMBEEREN,
PÜRIEREN UND STATT ZITRONENSAFT
UNTER DEN QUARK RÜHREN.

+ TIPP

FUNKTIONIERT AUCH MIT
LEICHT ANGETAUTEN TIEFKÜHL-
JOHANNISBEEREN

SCHLEMMERSCHNITTEN MIT JOHANNISBEEREN

Leicht nussiger Haferflockenteig mit flockigem Johannisbeerbaiser. Wetten, dass von dem großen Blech nichts übrig bleibt?!

1 Den Backofen auf 180 °C vorheizen. Ein Backblech mit Backpapier belegen. Für den Teig die Butter mit den Eiern, den Eigelben und dem Zucker schaumig schlagen. Orangensaft unterquirlen. Die Haferflocken, das Mehl und das Backpulver nur kurz unterrühren.

2 Den Teig etwa fingerdick und gleichmäßig auf das Backpapier streichen. Das Backblech ist dabei nicht völlig mit Teig belegt, es bleibt rundherum ein Rand frei. Den Teig im Ofen auf der mittleren Schiene etwa 20 Minuten backen.

3 Inzwischen für das Baiser die Johannisbeeren waschen, gut trocken tupfen und von den Rispen streifen. Die Eiweiße mit dem Zucker zu steifem Schnee schlagen. Es sollen beim Herausziehen der Quirle kleine Eischneespitzen sichtbar bleiben. Die Johannisbeeren nur kurz mit einem Kochlöffel unterrühren.

4 Den Kuchen aus dem Ofen nehmen und die Baisermasse gleichmäßig darauf verteilen. Die Oberfläche darf ruhig wolkig sein. Den Kuchen wieder in den Backofen auf die mittlere Schiene schieben und noch mal etwa 20 Minuten backen. Aus dem Ofen nehmen, abkühlen lassen und in Stücke schneiden.

ZUTATEN

FÜR CA. 20 STÜCK

FÜR DEN TEIG:
250 g weiche Butter
2 Eier
4 Eigelb
120 g Zucker
4 EL Orangensaft
100 g feine Haferflocken
200 g Mehl
1 TL Backpulver

FÜR DAS BAISER:
300 g Rote Johannisbeeren
6 Eiweiß
180 g Zucker

 ca. 35 Min.
+ ca. 40 Min. Backzeit

BIRNEN-APRIKOSEN-KUCHEN VOM BLECH

Blechkuchen finde ich besonders praktisch für Gäste und Feste. Zum einen, weil man viele Stücke in verschiedenen Größen daraus schneiden kann. Zum anderen, weil man den Teig unterschiedlich belegen kann und damit eine größere Auswahl für die Kaffeetafel bekommt.

1 Den Backofen auf 180 °C vorheizen. Ein Backblech mit Backpapier belegen. Für den Teig die Marzipanrohmasse grob raspeln oder in sehr kleine Würfel schneiden.

2 Die Eier trennen. Die Eiweiße zu steifem Schnee schlagen. Die Eigelbe mit der Butter und dem Zucker schaumig rühren. Das Marzipan untermischen. Das Mehl, die Speisestärke, das Backpulver und den Eischnee dazugeben und alles kurz verrühren. Den Teig gleichmäßig auf das Backblech streichen.

3 Für den Belag die Birnen schälen, vierteln, entkernen und in Spalten schneiden. Eine Hälfte des Teiges mit den Birnenspalten belegen. Die Aprikosen waschen, vierteln und entsteinen. Die andere Teighälfte mit den Aprikosenvierteln belegen. Den Kuchen im Ofen auf der mittleren Schiene etwa 35 Minuten backen.

4 Die Aprikosenkonfitüre mit etwas heißem Wasser verrühren und die Früchte auf dem noch warmen Kuchen damit bepinseln.

Tipps:

Schmeckt auch mit Äpfeln, Mirabellen, Zwetschgen, Johannisbeeren, Stachelbeeren und Heidelbeeren.

Wer kein Marzipan mag, lässt es einfach weg.

BROMBEER-HIMBEER-SCHNITTEN

Lockerer Biskuit mit weißer Schokocreme und frischen Beeren: ein eckiger Tortentraum im XL-Format!

1 Für die Schokocreme die Sahne erhitzen. Die Kuvertüre in Stücke brechen, dazugeben und unter Rühren bei sehr schwacher Hitze in der Sahne schmelzen. Achtung: Wird die Kuvertüre zu heiß, klumpt sie. Die Schokosahne in einen hohen Rührbecher geben und mindestens 2 Stunden oder über Nacht in den Kühlschrank stellen.

2 Für den Biskuit den Backofen auf 180 °C vorheizen. Ein Backblech mit Backpapier belegen. Die Eier trennen. Die Eiweiße zu steifem Schnee schlagen. Die Eigelbe mit dem Zucker dickschaumig rühren. Das Mehl, die Speisestärke, das Backpulver und den Eischnee nur kurz unterziehen. Den Teig gleichmäßig auf das Backblech streichen und im Ofen auf der mittleren Schiene 10 bis 12 Minuten backen. Die Teigplatte abkühlen lassen.

3 Inzwischen für den Belag die Beeren verlesen, nur kurz mit Wasser abbrausen und in einem großen Sieb gut abtropfen lassen. Die Schokosahne aus dem Kühlschrank nehmen und mit dem Mixer zu einer dicken Creme aufschlagen.

4 Den Biskuitboden vom Backblech nehmen und umgedreht wieder aufs Blech legen. Das Backpapier vorsichtig vom Teig lösen. Den Biskuit mit der Schokocreme bestreichen, eine Hälfte mit Brombeeren, die andere mit Himbeeren belegen. Den Kuchen in Stücke schneiden und nach Belieben vor dem Servieren mit Puderzucker bestäuben.

Variationen:

Lecker auch mit Erdbeeren, Birnen, Nektarinen und Pfirsichen.

Statt Schokosahne schmeckt auch die Vanillecreme von S. 95 oder die Mascarpone-Mohn-Creme von S. 92 als Früchtebett.

ZUTATEN

FÜR 1 BACKBLECH MIT CA. 40×32 CM

FÜR DIE SCHOKOCREME:
150 g Sahne
150 g weiße Kuvertüre

FÜR DEN BISKUIT:
7 Eier
80 g Zucker
150 g Mehl
50 g Speisestärke
1 TL Backpulver

FÜR DEN BELAG:
350 g Brombeeren
350 g Himbeeren
Puderzucker zum Bestäuben
(nach Belieben)

 ca. 45 Minuten
+ mind. 2 Std. Kühlzeit
+ 10—12 Min. Backzeit

KAPITEL 5

DIE MINI BÄCKER

Ihr habt schon oft beim Backen geholfen? Dann ist es jetzt vielleicht Zeit, mal ein eigenes Rezept auszuprobieren. Auf den nächsten Seiten findet ihr lustige Muffins und Mini-Kuchen, knusprige Kekse, selbst gemachte Müsliriegel und sogar eine richtige Torte, mit der ihr eure Eltern überraschen könnt. Lasst euch bei euren ersten Backversuchen ruhig noch helfen und lest auf jeden Fall die wichtigen Tipps auf den nächsten beiden Seiten durch. Dann kann eigentlich nichts mehr schiefgehen! Viel Spaß beim Backen!

YUMMY!

WICHTIGE TIPPS FÜR MINIBÄCKER

- WASCHE DIR VOR DEM BACKEN DIE HÄNDE & AUCH ZWISCHENDURCH.

- LIES DIR IMMER ERST DAS GANZE REZEPT DURCH UND HALTE DICH GENAU AN DIE MENGEN.

- ACHTE AUF EINEN SICHEREN STAND. IST DIE ARBEITSFLÄCHE ZU HOCH, RÜHRE DEN TEIG AUF DEM TISCH.

- RÜHRQUIRLE IMMER UNTEN IN DER SCHÜSSEL HALTEN, SONST SPRITZT DER TEIG. UND: FINGER WEG VON DEN QUIRLEN.

- FERTIG MIT DEM MIXEN? IMMER ERST DAS KABEL AUS DER STECKDOSE ZIEHEN, VOR-ALLEM BEVOR DU DIE QUIRLE AUS DEM GERÄT NIMMST.

- VERWENDE TOPFHANDSCHUHE, WENN DU BACKFORMEN ANFASST ODER AN DEN HEIßEN OFEN GEHST.

- STECKE NACH DEM ENDE DER BACKZEIT EIN STÄBCHEN IN DEN TEIG. ERST WENN NICHTS MEHR DRAN KLEBEN BLEIBT, IST DER KUCHEN FERTIG.

- STELLE HEIßE GEGENSTÄNDE NUR AUF EINEN TOPFUNTERSETZER.

- LASS DIR VON EINEM ERWACHSENEN HELFEN, WENN DU NICHT WEITER WEIßT.

Mama?

EULEN-MUFFINS

1 Alle Zutaten bereitstellen und abwiegen. Den Backofen auf 180 °C vorheizen. Das Muffinblech mit Butter einfetten. Die Eier mit Butter und Zucker schaumig rühren. Den Schmand und die Schokoraspel unterquirlen. Dann Mehl und Backpulver nur kurz untermischen. Den Teig in die Mulden des Muffinblechs füllen. Die Muffins im Ofen auf der mittleren Schiene etwa 20 Minuten backen. Abkühlen lassen.

2 Die Kekse so auseinanderschneiden, dass die Füllung an einer Hälfte des Kekses bleibt und die andere Hälfte ohne Füllung ist. 24 Kekse mit der weißen Füllung für die Eulenaugen beiseitelegen. 12 Kekse ohne Füllung vorsichtig auf einem Brett mit einem scharfen Messer in zwei Hälften schneiden.

3 Den Puderzucker mit dem Kakao in einem Schälchen mischen und mit etwa 4 EL Wasser zu einem dicken Guss verrühren. Ist er zu flüssig, noch etwas Puderzucker dazurühren.

4 Die Schokolinsen für die Pupillen mit einem Tropfen Kakao-Zucker-Guss auf die Kekse mit der weißen Füllung kleben. Die Muffins mit dem Guss bestreichen. Je zwei Keks-Eulenaugen auf jeden Muffin setzen und festdrücken. Dann oberhalb der Augen mit einem scharfen Messer zwei kleine Einschnitte einritzen und je 2 Kekshälften vorsichtig hineinstecken. Zwischen den Augen je 1 rote Schokolinse als Schnabel hineinstecken.

Affen-Muffins:

Muffins backen wie oben. 12 Backoblaten mit je 40 mm Durchmesser auf ein Brett legen. 12 Oblaten mit je 50 mm Durchmesser mit etwas Zuckerguss unterhalb versetzt auf die kleineren Oblaten kleben. Auf die kleinen Oblaten je 2 Zuckeraugen mit etwas Zuckerguss kleben. Je ein Näschen und einen Mund mit brauner Zuckerschrift aufmalen. Die Muffins wie im Rezept oben mit Kakao-Zucker-Guss bestreichen, die Affengesichter auf die Muffins drücken. 12 kleine Oblaten halbieren und seitlich als Ohren in die Muffins stecken. Nach Belieben vorher mit kleinen Stücken Schokokeks bekleben.

ZUTATEN

FÜR 12 STÜCK
Butter für das Muffinblech
2 Eier
100 g weiche Butter
100 g Zucker
150 g Schmand
100 g Schokoraspel
200 g Mehl
1 TL Backpulver
24 Schokoladenkekse mit weißer Füllung (à ca. 4 cm Durchmesser)
200 g Puderzucker
1 EL Kakaopulver
24 bunte Schokolinsen für die Pupillen
12 rote Schokolinsen für die Schnäbel

ca. 40 Min.
+ ca. 20 Min. Backzeit

1 Muffinblech mit 12 Mulden

BLÜMCHEN-MUFFINS

1 Alle Zutaten bereitstellen und abwiegen. Den Backofen auf 190 °C vorheizen. Das Muffinblech mit Butter einfetten. Die Mandarinen in ein Sieb gießen und abtropfen lassen. Die Butter mit dem Ei und dem Zucker in eine Rührschüssel geben und mit den Quirlen des Handrührgeräts schaumig rühren. Dann den Quark und die Milch hinzufügen und untermischen.

2 Das Mehl, die Speisestärke und das Backpulver dazugeben und nur kurz mit dem Handrührgerät unterrühren, damit der Teig nicht klebrig wird. Zuletzt das Mandarinenfruchtfleisch unter den Teig rühren, es darf dabei ruhig zerfallen.

3 Den Teig mit einem Löffel in die Blechvertiefungen füllen und die Muffins im Ofen auf der mittleren Schiene etwa 25 Minuten backen. Die Muffins aus dem Ofen nehmen und abkühlen lassen.

4 Die Mandarinen-Muffins aus der Form nehmen und auf Backpapier oder Butterbrotpapier stellen. Die Glasur direkt aus der Tube auf die Muffins drücken und mit einem Messer oder einem Kuchenpinsel gleichmäßig auf der Oberfläche verstreichen.

5 Die Schokolinsen auf den feuchten Guss setzen, sodass eine Blume entsteht: erst eine Linse in die Mitte setzen und die anderen rundherum anordnen. Den Guss trocknen lassen.

Tipps:

Die Muffins lösen sich leichter aus der Form, wenn man den Boden nach dem Einfetten noch mit Mandelblättchen ausstreut. Lecker!

Selbst gemachter Zuckerguss: 200 g Puderzucker mit etwa 4 EL Zitronensaft verrühren, bis keine Klümpchen mehr zu sehen sind.

Wer keinen Guss möchte, bestäubt die Muffins mit Puderzucker.

ZUTATEN

FÜR 12 STÜCK
Butter für das Muffinblech
1 Dose Mandarin-Orangen
(175 g Abtropfgewicht)
150 g weiche Butter
1 Ei
130 g Zucker
125 g Magerquark
2 EL Milch
200 g Mehl
50 g Speisestärke
½ Päckchen Backpulver
1 Tube Muffinglasur in der
Lieblingsfarbe
bunte Schokolinsen

 ca. 25 Min.
+ ca. 25 Min. Backzeit

 1 Muffinblech
mit 12 Mulden

EISTÖRTCHEN

Die kleinen Vitaminbomben aus der Tiefkühltruhe sind im Handumdrehen zubereitet. Am besten macht ihr sie gleich auf Vorrat, dann hat man immer eine gesunde Erfrischung parat. Außerdem sind die Törtchen so lecker, dass man gerne auch ein zweites nascht.

1 Die Himbeeren in einer Schüssel auftauen lassen. 6 Himbeeren für die Garnierung beiseitelegen; am besten tiefgekühlt in den Kühlschrank stellen, damit sie nicht matschig werden.

2 Alle übrigen Zutaten bereitstellen und abwiegen. Die aufgetauten Himbeeren mit dem Schmand und dem Puderzucker pürieren und die Masse auf sechs Portionsförmchen verteilen. Das können kleine Silikonförmchen, Souffléförmchen aus Porzellan oder Mini-Backformen sein. Die Eistörtchen mindestens 2 Stunden in das Tiefkühlfach stellen und fest werden lassen.

3 Die Sahne mit den Quirlen des Handrührgeräts steif schlagen. Die Förmchen aus dem Tiefkühlfach nehmen, kurz in heißes Wasser tauchen und die Eistörtchen auf einen Dessertteller stürzen. Jeweils einen Klecks Sahne auf die Törtchen setzen, in der Mitte 1 Himbeere platzieren und die Törtchen mit Schokoraspeln bestreuen.

Tipps:

Eistörtchen schmecken auch mit anderen Tiefkühlbeeren oder tiefgekühlten Kirschen lecker. Im Sommer nimmt man frische Früchte.

Statt Schmand kann man auch Mascarpone verwenden. Rahmjoghurt ist auch möglich, aber damit wird das Eis etwas fester und schmilzt nicht mehr so schön.

ZUTATEN

FÜR 6 EISTÖRTCHEN
450 g tiefgekühlte Himbeeren
200 g Schmand
60 g Puderzucker
100 g Sahne
Schokoraspel zum Bestreuen

ca. 10 Min.
+ ca. 1 Std. Auftauzeit
+ ca. 2 Std. Kühlzeit

6 gefrierfeste Portionsförmchen

KUHFLECKEN-MINI-KUCHEN

Zugegeben: Dieser Kuchen mit hellem und dunklem Teig ist etwas für Tüftler. Dafür sieht er aber besonders schön aus und lässt sich prima verschenken.

1 Alle Zutaten bereitstellen und abwiegen. Den Backofen auf 180 °C vorheizen. Für den Teig die Eier mit Butter und Zucker schaumig schlagen. Die Sahne untermischen, dann das Mehl und das Backpulver dazugeben und nur kurz unterrühren. Die Hälfte des Teiges in eine zweite Schüssel füllen. Diese Teighälfte bleibt hell. Die Schokoraspel und das Kakaopulver unter den übrigen Teig mischen.

2 Abwechselnd je einen Klecks hellen und dunklen Teig in die Formen füllen, bis der Teig gleichmäßig auf die drei Formen verteilt ist.

3 Die Kuchen im Ofen auf der mittleren Schiene etwa 30 Minuten backen. Stäbchenprobe machen: Bleibt an einem Holzstäbchen, das man in die Mitte des Kuchens steckt, kein Teig mehr kleben, ist der Kuchen fertig. Aus dem Ofen nehmen, abkühlen lassen und aus der Form nehmen.

4 Für die Kuhflecken-Glasur die weiße und dunkle Schokoladenglasur nach Packungsanweisung schmelzen. Dann die Kuchen mit der weißen Glasur überziehen. Wenn die weiße Glasur ein wenig angetrocknet ist, die dunkle Glasur mit einem kleinen Löffel als Kuhflecken auf die weiße Glasur tropfen. Mal größere, mal kleinere Flecken, ganz nach Belieben. Die Glasur trocknen lassen.

Tipps:

Das Rezept kann man auch in einer großen Kastenkuchenform backen, dann muss man den Teig aber etwa 50 Minuten im Ofen lassen. Oder man macht ihn in zehn Mini-Papier-Kastenkuchen-Förmchen. Diese Küchlein brauchen dann nur etwa 25 Minuten im Backofen.

Wenn's schneller gehen soll, einfach den Schokoüberzug weglassen: Die Küchlein wirken schon durch den zweifarbigen Teig gefleckt.

ZUTATEN

FÜR 3 KLEINE BACKFESTE PAPP-KASTENKUCHEN-FORMEN (À CA. 16 × 6 CM)

FÜR DEN TEIG:
4 Eier
250 g weiche Butter
180 g Zucker
100 g Sahne
300 g Mehl
1 EL Backpulver
50 g Schokoraspel
1 EL Kakaopulver

FÜR DIE KUHFLECKEN-GLASUR:
200 g weiße Schokoladen-Kuchenglasur
100 g dunkle Schokoladen-Kuchenglasur

 ca. 40 Min.
+ ca. 30 Min. Backzeit

DREIERLEI CROISSANTS

Freunde kommen am Nachmittag? Wie wär's mit warmen Croissants zum Tee oder Kakao? Die sind im Nullkommanix im Ofen und schmecken superlecker.

1 Alle Zutaten bereitstellen. Den Backofen auf 180 °C vorheizen. Ein Backblech mit Backpapier belegen.

2 Den Croissantteig auseinanderrollen, die Teigstücke vorsichtig voneinander trennen und nebeneinander mit etwas Abstand aufs Backblech legen.

3 Zwei Teigstücke erst mit Aprikosenkonfitüre bestreichen, dann die Mohnmasse darüber verteilen. Auf das breite, obere Drittel der nächsten 2 Teigstücke jeweils 2 Stückchen Schokolade legen. Die 2 restlichen Teigstücke mit Lieblingskonfitüre bestreichen und mit Zimtzucker bestreuen.

4 Alle Teigstücke von der breiten Seite zur spitzen Seite zu Crossaints aufrollen. Bei den Schokocroissants die Ränder etwas andrücken, damit die heiße Schokolade später nicht ausläuft. Die Croissants im Ofen auf der mittleren Schiene 12 bis 15 Minuten backen. Nach Belieben mit Puderzucker bestäuben. Sie schmecken frisch am besten.

ZUTATEN

FÜR 6 STÜCK
1 Packung frischer Croissantteig (ca. 250 g; Kühlregal)
1 TL Aprikosenkonfitüre
3 TL backfertige Mohnfüllung
4 Stückchen Vollmilch- oder Zartbitterschokolade
2 TL Lieblingskonfitüre
½ TL Zimtzucker
Puderzucker zum Bestäuben (nach Belieben)

 ca. 15 Min.
+ 12–15 Min. Backzeit

 *Fixe gemacht*

MINI-HÖRNCHEN

Wenn man die Teigstücke der Länge nach halbiert, lassen sich Mini-Hörnchen daraus machen. Die Backzeit ist dann aber kürzer, etwa 8 Minuten reichen aus.

MIT BLÄTTERTEIG

Statt Croissantteig schmeckt auch Blätterteig. Damit man ihn zu Croissants formen kann, Rechtecke ausschneiden und diese dann diagonal, also schräg, halbieren.

MIT NUSSFÜLLUNG

50 g gemahlene Haselnüsse oder Mandeln mit 2 EL Zucker, ¼ TL Zimtpulver und 80 g Sahne verrühren. Die Füllung auf den Teig streichen. Reicht für 6 Stück.

MÜSLI-KNUSPER-RIEGEL

Vergiss die gekauften und back deine eigenen Powerriegel. Geht schnell, macht Spaß und schmeckt viel besser!

1 Alle Zutaten bereitstellen und abwiegen. Den Backofen auf 180 °C vorheizen. Ein Backblech mit Backpapier belegen.

2 Die Walnusskerne, die Apfelringe und die Cranberrys nacheinander getrennt im Blitzhacker eher grob als fein zerkleinern. Sind sie zu fein, wird der Müsliriegel später nicht schön knusprig.

3 Die Butter in einem kleinen Topf bei schwacher Hitze flüssig werden lassen. Die flüssige Butter mit dem Honig, dem Orangensaft und dem Eigelb in eine Rührschüssel geben und darin schaumig schlagen. Die Haferflocken, die gehackten Nüsse, Apfelringe und Cranberrys dazugeben und mit einem Kochlöffel untermischen.

4 Die Backoblaten nebeneinander aufs Backblech legen. Die Müslimasse mithilfe einer Palette oder eines Teigschabers gleichmäßig auf die Oblaten streichen. Im Ofen auf der mittleren Schiene etwa 10 Minuten backen. Abkühlen lassen. Jede Platte in 5 Streifen schneiden, die Streifen noch mal halbieren.

ZUTATEN

FÜR 20 KLEINE RIEGEL
100 g Walnusskerne
50 g getrocknete Apfelringe
40 g getrocknete Cranberrys
50 g Butter
3 EL Honig
1 EL Orangensaft
1 Eigelb
50 g feine oder kernige Haferflocken
2 eckige Backoblaten
(à 120 × 200 mm)

 ca. 20 Min.
+ ca. 10 Min. Backzeit

TIPP:
Nimm für die Müsliriegel deine Lieblingszutaten: Die Walnüsse lassen sich zum Beispiel durch Mandeln, Haselnüsse, Cashewkerne oder Pekannüsse ersetzen, die Apfelringe und Cranberrys durch getrocknete Aprikosen, Mangos, Datteln und Rosinen.

KNALL-BONBONS

KNUSPRIGER BLÄTTERTEIG MIT CREMIGER QUARKFÜLLUNG

LOLLI-SCHNECKEN

LUSTIG FÜR DIE NÄCHSTE PARTY

SCHWEINS-ÖHRCHEN

… IN DER SCHOKOSUHLE
SCHMUTZIG GEWORDEN

APFEL-
MARZIPAN-
ROLLEN

EXTRASAFTIG MIT
APFELMUS

KNALLBONBONS

1 Den Blätterteig aus der Verpackung nehmen, die Scheiben nebeneinanderlegen und etwa 10 Minuten auftauen lassen; dann jeweils etwas auseinanderziehen, bis sie leicht rechteckig werden. Backofen auf 200°C vorheizen. Ein Backblech mit Backpapier belegen. Die Teigstücke darauflegen.

2 Quark, Ei und Zucker verrühren. Je 1 Klecks Quarkmasse auf die Mitte jedes Teigstücks geben, die Ränder frei lassen.

3 Jedes Teigstück von der längeren Seite her aufrollen, die Nahtstelle festdrücken. Jetzt die beiden Teigenden wie Bonbonpapier zusammendrehen. Die „Bonbons" mit Hagel- oder Dekorzucker bestreuen und im Ofen auf der mittleren Schiene etwa 20 Minuten backen. Herausnehmen und abkühlen lassen. Jeweils an beide Enden mit Gummischnüren eine Schleife binden.

ZUTATEN

FÜR 8 STÜCK
8 quadratische Scheiben Blätterteig (360 g; tiefgekühlt)
150 g Speisequark
1 Ei · 3 EL Zucker
Hagelzucker oder bunter Dekorzucker zum Bestreuen
bunte Fruchtgummischnüre für die Deko

 ca. 15 Min.
+ ca. 10 Min. Auftauzeit
+ ca. 20 Min. Backzeit

LOLLI-SCHNECKEN

1 Den Blätterteig aus der Verpackung nehmen, die Scheiben nebeneinanderlegen und etwa 10 Minuten auftauen lassen.

2 Den Backofen auf 200°C vorheizen. Ein Backblech mit Backpapier belegen.

3 Jede Blätterteigscheibe dünn und gleichmäßig mit der Konfitüre bestreichen und dann in 6 Streifen schneiden. Die Streifen aufrollen. Die Außenränder rundherum mit etwas Wasser befeuchten und dann in etwas Zucker wälzen. In die Mitte der Blätterteigschnecken einen Stiel hineinstecken. Die Lollis auf das Backblech legen und im Ofen auf der mittleren Schiene etwa 10 Minuten backen.

ZUTATEN

FÜR 30 STÜCK
5 quadratische Scheiben Blätterteig (225 g; tiefgekühlt)
2—3 EL Aprikosen- oder Erdbeerkonfitüre
Zucker zum Wälzen
30 backfeste Holz- oder Lollipop-Stiele oder Zahnstocher

 ca. 15 Min.
+ ca. 10 Min. Auftauzeit
+ ca. 10 Min. Backzeit

SCHWEINSÖHRCHEN

1 Den Blätterteig aus der Verpackung nehmen, die Scheiben nebeneinanderlegen und etwa 10 Minuten auftauen lassen. Backofen auf 200°C vorheizen. Ein Backblech mit Backpapier belegen.

2 Den Zucker mit dem Zimtpulver mischen. Jede Blätterteigscheibe dünn und gleichmäßig damit bestreuen. Die Blätterteigscheiben von beiden Seiten bis zur Mitte hin aufrollen. Jedes aufgerollte Stück vorsichtig mit einem scharfen Messer in 6 Schweinsöhrchen schneiden. Die Öhrchen auf das Blech legen und im Ofen auf der mittleren Schiene etwa 10 Minuten backen. Abkühlen lassen.

3 Die Kuchenglasur über dem warmen Wasserbad schmelzen. Die Ecken der Öhrchen in die Glasur tunken und dann zum Trocknen auf ein Stück Backpapier legen. Fest werden lassen und reinbeißen!

ZUTATEN

FÜR 30 STÜCK
5 quadratische Scheiben
Blätterteig (225 g; tiefgekühlt)
5 EL Zucker
½ TL Zimtpulver
100 g dunkle Schokoladen-Kuchenglasur

 ca. 15 Min.
+ ca. 10 Min. Auftauzeit
+ ca. 10 Min. Backzeit

APFEL-MARZIPAN-ROLLEN

1 Den Blätterteig aus der Verpackung nehmen, die Scheiben nebeneinanderlegen und etwa 10 Minuten auftauen lassen.

2 Den Backofen auf 200°C vorheizen. Ein Backblech mit Backpapier belegen.

3 Jede Blätterteigplatte in der Mitte einmal durchschneiden. Den Teig mit einer Gabel mehrmals einstechen, dann geht er beim Backen schön auf. Die Marzipanrohmasse in sehr kleine Stücke schneiden oder auf einer Reibe klein raspeln. Den Teig erst mit Apfelmus bestreichen, dann das Marzipan darauf verteilen, Ränder freilassen. Den Teig aufrollen und mit der Nahtstelle nach unten auf das Backblech legen. Die Röllchen im Ofen auf der mittleren Schiene etwa 20 Minuten backen. Herausnehmen und abkühlen lassen.

ZUTATEN

FÜR 8 STÜCK
4 quadratische Scheiben
Blätterteig (180g; tiefgekühlt)
80 g Marzipanrohmasse
4 TL Apfelmus

 ca. 15 Min.
+ ca. 10 Min. Auftauzeit
+ ca. 20 Min. Backzeit

ROLLENKEKSE (GRUNDREZEPT)

Lust auf Kekse? Kaufen war gestern, heute werden sie selbst gebacken. Ist supereinfach! Das Tolle daran: Sie schmecken pur, lassen sich aber auch nach Lust und Laune variieren. Je nachdem, was ihr im Vorratsschrank so findet.

1 Das Mehl mit dem Zucker und dem Salz in eine große Schüssel füllen. Die Butter in kleine Stücke schneiden und mit den Eigelben zum Mehl geben.

2 Die Teigzutaten erst mit den Knethaken des Handrührgeräts, dann mit den Händen zu einem glatten Teig kneten. Den Teig zu einer Kugel formen und etwa 30 Minuten in den Kühlschrank legen.

3 Den Backofen auf 180 °C vorheizen. Zwei Backbleche mit Backpapier belegen. Den Teig in 3 Portionen teilen. Jedes Teigstück mit den Handflächen zu einem etwa 3 cm dicken Strang rollen. Die Teigrollen in etwa 1 cm dicke Scheiben schneiden, auf die Backbleche legen und die Kekse nacheinander im Ofen auf der mittleren Schiene etwa 15 Minuten backen.

ZUTATEN

FÜR CA. 40 STÜCK
250 g Mehl
60 g Zucker
1 Prise Salz
180 g weiche Butter
2 Eigelb

ca. 30 Min.
+ ca. 30 Min. Kühlzeit
+ ca. 15 Min. Backzeit

SCHOKO-MANDEL-TALER

Den Teig wie beschrieben zubereiten, zusätzlich 60 g gehackte Mandeln und 2 TL Kakaopulver unterkneten. Den Teig nach dem Kühlen zu Rollen formen, in 40 g gehackten Mandeln wälzen. Mandelstückchen leicht andrücken. Taler abschneiden und wie oben backen.

CRANBERRY-TALER

150 g getrocknete Cranberrys ganz lassen oder grob hacken. Den Teig wie beschrieben zubereiten, dabei die Cranberrys unterkneten. Teig nach dem Kühlen zu Rollen formen und in 40 g gehackten Pistazien wälzen. Die Kerne leicht andrücken. Taler abschneiden und wie oben backen.

SCHOKOLINSEN-SWEETIES

Den Teig wie oben, aber mit nur 40 g Zucker, zubereiten. Zusätzlich 100 g bunte Mini-Schokolinsen unterkneten. Den Teig nach dem Kühlen zu Rollen formen und in buntem Dekorzucker (gibt's im Supermarkt in mehreren Farben) oder in Hagelzucker wälzen. Den Zucker leicht andrücken. Taler abschneiden und wie oben backen.

+ LUSTIG

SÜSSE SPIEGELEIER AUS DER MUFFINFORM — MAL WAS BESONDERES!

SPIEGELEI-KÜCHLEIN

1 Alle Zutaten abwiegen und bereitstellen. Den Backofen auf 180 °C vorheizen. Die Mulden des Muffinblechs gründlich mit Butter einfetten.

2 Die Aprikosen in ein Sieb schütten und abtropfen lassen; dabei etwas Sirup auffangen und beiseitestellen. 5 Aprikosenhälften in ganz kleine Stücke schneiden. Restliche Früchte für den Belag beiseitestellen.

3 Die Eier mit der Butter, dem Zucker und dem Vanillezucker in einer Rührschüssel schaumig schlagen. Saure Sahne und die Aprikosenstückchen untermischen, dann das Mehl und das Backpulver nur kurz unterrühren. Den Teig in die Mulden des Muffinblechs füllen - immer nur 1 EL, damit der Teig für alle Mulden reicht. Den Teig etwas glatt streichen.

4 Für den Guss die saure Sahne mit dem Ei und dem Zucker verquirlen. Esslöffelweise über den Teig geben, sodass der Teig damit bedeckt ist. Das Muffinblech in den Ofen schieben und die Törtchen darin auf der mittleren Schiene etwa 20 Minuten backen.

5 Das Blech aus dem Ofen holen und die Törtchen etwas abkühlen lassen. Dann mit einem Kuchenlöser aus Kunststoff die Törtchenränder lösen und dann die Törtchen mit einem Löffel vorsichtig aus den Mulden heben. Auf einer Platte anrichten und je 1 Aprikosenhälfte auf jedes Törtchen setzen. Jede Aprikosenhälfte mit etwas Aprikosensirup bepinseln, dann sieht das „Eigelb" fast echt aus.

Tipp:

Ihr könnt die Aprikosenhälften auch auf den Guss setzen und mitbacken. Dann sinken sie aber ein und das „Eigelb" wird kleiner.

ZUTATEN

FÜR 12 STÜCK

FÜR DEN TEIG:
Butter für das Muffinblech
1 Dose Aprikosenhälften
(420 g Abtropfgewicht)
2 Eier
50 g weiche Butter
50 g Zucker
1 Päckchen Vanillezucker
50 g saure Sahne
120 g Mehl
1 TL Backpulver

FÜR DEN GUSS:
150 g saure Sahne
1 Ei
1 TL Zucker

 ca. 25 Min.
+ ca. 20 Min. Backzeit

 1 Muffinblech mit 12 Mulden

 *Fixe gemacht*

MANDARINENTORTE MIT MASCARPONECREME

Eine perfekte Torte für Geburtstag oder Muttertag, die nicht in den Ofen, sondern einfach in den Kühlschrank kommt. Sie besteht aus Löffelbiskuits und einer fruchtigen Mascarponecreme und ist ganz einfach nachzumachen.

1 Alle Zutaten bereitstellen und abwiegen. Nur den Rand von der Springform auf eine glatte Tortenplatte setzen. Die Mandarinen in ein Sieb schütten, dabei den Saft in einer Schüssel auffangen.

2 Mascarpone mit dem Joghurt, dem Zucker und dem Zitronensaft mit den Quirlen des Handrührgeräts etwa 3 Minuten schaumig schlagen. Dann etwa zwei Drittel (etwa 300 g) von den abgetropften Mandarinen vorsichtig unter die Creme mixen; die Mandarinen dürfen dabei ruhig zerfallen. Den Rest der Mandarinen zum Verzieren der Torte beiseitestellen.

3 Die Löffelbiskuits Stück für Stück kurz in den aufgefangenen Mandarinensaft tunken. Wirklich immer nur ganz kurz, sonst werden sie zu weich! Die Löffelbiskuits so in den Springformrand legen, dass die Tortenplatte ganz bedeckt ist. Dafür muss man die Löffelbiskuits manchmal auch in Stücke brechen.

4 Etwa ein Drittel der Creme auf die Biskuits löffeln und glatt streichen. Die Biskuits sollen nur etwa daumenbreit mit der Creme bedeckt sein. Dann die übrigen Löffelbiskuits wieder Stück für Stück kurz in Saft eintunken und auf die Creme in der Form schichten. Darüber kommt die restliche Creme, aber mindestens 4 EL davon in der Schüssel lassen, denn damit wird der Kuchenrand später noch von außen bestrichen. Die Torte etwa 2 Stunden in den Kühlschrank stellen.

5 Die Torte mit einem Kunststoffschaber innen vom Springformrand lösen, den Springformrand abnehmen. Die Torte rundherum mit der restlichen Creme bestreichen und aus den restlichen Mandarinen in die Mitte ein Herz legen.

ZUTATEN

FÜR 1 SPRINGFORM MIT 26 CM DURCHMESSER
1 große Dose Mandarinen (480 g Abtropfgewicht)
500 g Mascarpone
200 g Naturjoghurt
80 g Zucker
2 EL Zitronensaft
300 g Löffelbiskuits

 ca. 30 Min.
+ ca. 2 Std. Kühlzeit

+ SOMMERFRISCH

AUCH LECKER MIT ERDBEEREN
ODER HIMBEEREN.

Ihr habt leckeren Kuchen gebacken? Dann klebt doch ein
Foto davon ein! Auch neue Rezepte finden hier Platz.

FOTO-
GRAFIERT
EURE
LIEBLINGS-
REZEPTE

KAPITEL 6

IT'S CHRISTMAS TIME

Weihnachten ohne Plätzchen und Stollen? Undenkbar! Schließlich ist es doch der Duft von Zimt, Nelken, Anis und Kardamom, der uns erst richtig in Weihnachtsstimmung bringt. Und: Selbst gebackene Plätzchen sind liebevolle Geschenke für Verwandte, Freunde und gute Bekannte. Gönnen Sie sich einen Familiennachmittag zum Plätzchenbacken. Mit fröhlicher Weihnachtsmusik zum Mitträllern und jeder Menge leckerer Zutaten zum Naschen.

YUMMY!

SCHOKOHERZEN MIT KNUSPER-TOPPING

Diese Plätzchen kommen vor allem bei Kindern gut an, weil sie im Mund so herrlich crunchen.

1 Für den Teig Zucker, Mehl und Kakaopulver in einer Schüssel mischen. Die Butter in Stückchen schneiden und in die Schüssel geben. Die Zutaten erst mit den Knethaken des Handrührgeräts, dann mit den Händen zu einem geschmeidigen Teig kneten. Den Teig in Frischhaltefolie wickeln und etwa 1 Stunde in den Kühlschrank legen.

2 Den Backofen auf 180 °C vorheizen. Den Teig zwischen zwei Lagen Backpapier ausrollen. Falls er noch zu weich und klebrig ist, vorher mit etwas Mehl bestäuben. Mit einem Ausstecher aus dem Teig Herzen mit etwa 5 cm Durchmesser ausstechen. Auf ein mit Backpapier belegtes Backblech legen und im Ofen auf der mittleren Schiene etwa 12 Minuten backen. Herausnehmen und abkühlen lassen.

3 Für die Knuspermasse die Kuvertüre in einer kleinen Schüssel über dem warmen Wasserbad langsam schmelzen. Die Butter unterrühren. Die Cornflakes in einen Gefrierbeutel geben, mit den Handballen grob zerbröseln und unter die Kuvertüre mischen. Mit einem Espresso-Löffel kleine Kleckse von der Masse in die Mitte der Herzen setzen. Mit zerbröselten Cornflakes bestreuen und trocknen lassen.

Tipps:

Formen Sie den Plätzchenteig, bevor Sie ihn in den Kühlschrank legen, nicht zu einer Kugel, sondern zu einer dicken Platte. Dann kühlt er schneller durch und lässt sich zudem leichter ausrollen.

Aus der Knuspermasse wird köstliches selbst gemachtes **Schoko-Knusper-Konfekt,** wenn man sie teelöffelweise auf Backpapier setzt und die Schokolade fest werden lässt. Perfekt zum Verschenken.

ZUTATEN

FÜR CA. 50 STÜCK

FÜR DEN MÜRBETEIG:
100 g Zucker
300 g Mehl
2 EL Kakaopulver
200 g weiche Butter
Mehl zum Bestäuben
(nach Bedarf)

FÜR DIE KNUSPERMASSE:
200 g Vollmilch- oder Zartbitterkuvertüre
1 TL Butter
60 g Cornflakes

AUSSERDEM:
fein zerbröselte Cornflakes
zum Bestreuen

 ca. 50 Min.
+ 1 Std. Kühlzeit
+ ca. 12 Min. Backzeit

 1 Herzausstecher mit
5 cm Durchmesser

VANILLEKIPFERL

1 Die Mandeln im Blitzhacker fein mahlen. Mit Mehl, Zucker, 1 Msp. Salz und gemahlener Vanilleschote in eine Rührschüssel geben. Die Butter in Stückchen schneiden und mit den Eigelben zur Mehlmischung geben. Alles zu einem geschmeidigen Teig verkneten. In Frischhaltefolie wickeln und etwa 30 Minuten kalt stellen.

2 Den Backofen auf 190 °C vorheizen. Ein Backblech mit Backpapier belegen. Vom Teig jeweils kleine Stückchen abzupfen und daraus zwischen den Händen kleine, spitz zulaufende Röllchen drehen. Die Röllchen zu Hörnchen biegen und aufs Backblech setzen. Im Ofen auf der mittleren Schiene 10 bis 12 Minuten hellbraun backen. Noch warm vorsichtig in Vanillezucker wälzen.

ZUTATEN

FÜR CA. 70 STÜCK
100 g geschälte Mandeln
280 g Mehl
80 g Zucker
Salz
½ TL gemahlene Vanilleschote
200 g weiche Butter
2 Eigelb
Vanillezucker zum Wälzen

 ca. 35 Min.
+ ca. 30 Min. Kühlzeit
+ 10—12 Min. Backzeit

KOKOSMAKRONEN

1 Den Backofen auf 170 °C vorheizen. Ein Backblech mit Backpapier belegen.

2 Die Marzipanrohmasse in kleine Würfel schneiden oder auf einer Reibe klein raspeln. Mit dem Puderzucker, dem Eigelb und dem Zitronensaft in einer Schüssel mischen und mit den Knethaken des Handrührgeräts verkneten. Die Kokosraspel unterrühren.

3 Die Eiweiße zu steifem Schnee schlagen. Die Marzipanmasse unterrühren. Den Teig mithilfe von zwei Teelöffeln als Häufchen auf das Backblech setzen. Die Makronen im Ofen auf der mittleren Schiene etwa 20 Minuten backen.

ZUTATEN

FÜR CA. 50 STÜCK
400 g zimmerwarme Marzipanrohmasse
170 g Puderzucker
1 Eigelb
2 EL Zitronensaft
250 g Kokosraspel
6 Eiweiß

 ca. 20 Min.
+ ca. 20 Min. Backzeit

 Fixe gemacht

SCHNELLE FLORENTINER

Last-minute-Plätzchen – auch zum Verschenken!

1 Den Backofen auf 200 °C vorheizen. Ein Backblech mit Backpapier belegen.

2 Die kandierten Kirschen in kleine Würfel schneiden. Die Butter mit der Sahne in einen Topf geben und bei schwacher Hitze erwärmen.

3 Die Kirschwürfel mit den Mandelstiften und -blättchen, dem Zucker, dem Vanillezucker und dem Honig zur Sahne in den Topf geben und etwa 3 Minuten köcheln lassen. Das Mehl unterrühren, die Masse etwa 1 Minute weiterköcheln lassen. Den Topf vom Herd nehmen.

4 Mithilfe von zwei Löffeln kleine Teighäufchen aufs Blech setzen. Dabei auf genügend Abstand achten, denn der Teig läuft ziemlich auseinander. Die Florentiner im Ofen auf der mittleren Schiene etwa 8 Minuten backen.

Tipps:

Statt Mandelblättchen schmecken auch gehobelte Haselnüsse.

Wer kandierte Früchte mag, rührt je 1 EL fein gewürfeltes Zitronat und Orangeat unter die Masse.

Extralecker werden die Florentiner, wenn Sie die Unterseite mit geschmolzener Kuvertüre bestreichen. Ob Vollmilch-, Zartbitter- oder weiße Kuvertüre, bleibt Ihrem Geschmack überlassen.

ZUTATEN

FÜR CA. 20 STÜCK
50 g kandierte Kirschen
1 EL Butter
125 g Sahne
100 g Mandelstifte
50 g Mandelblättchen
5 EL Zucker
1 Päckchen Vanillezucker
3 EL Honig
2 EL Mehl

 ca. 20 Min.
+ ca. 8 Min. Backzeit

GANZ EASY

BUTTERPLÄTZCHEN (GRUNDREZEPT)

Dieses Mürbeteig-Grundrezept können Sie nach Herzenslust abwandeln und in unendlich vielen Varianten füllen und verzieren. Es gibt so viele Möglichkeiten, dass Sie damit einen großen, bunten Plätzchenteller bestücken können.

1 Das Mehl mit dem Zucker, der Butter und 1 bis 2 Prisen Salz erst mit den Knethaken des Handrührgeräts kurz verkneten, dann mit den Händen zu einem geschmeidigen Teig weiterkneten. Den Teig zu einer dicken Platte formen, in Frischhaltefolie wickeln und etwa 1 Stunde in den Kühlschrank legen.

2 Den Backofen auf 180 °C vorheizen. Den Teig zwischen zwei Bögen Backpapier oder auf etwas Mehl ausrollen und daraus beliebige Formen ausstechen. Auf ein mit Backpapier ausgelegtes Backblech legen und im Ofen auf der mittleren Schiene etwa 12 Minuten goldgelb backen. Vom Blech nehmen und nach Belieben verzieren.

ZUTATEN

FÜR CA. 60 STÜCK
350 g Mehl
100 g Zucker
200 g weiche Butter
Salz
Mehl zum Ausrollen
(nach Bedarf)

ca. 30 Min.
+ ca. 1 Std. Kühlzeit
+ ca. 12 Min. Backzeit

Plätzchenausstecher
in verschiedenen Formen

TEIG-VARIATIONEN

Für alle Variationen auf der rechten Seite werden lediglich die angegebenen Zutaten zum Grundrezept „Butterplätzchen" ergänzt. Die Zubereitung und die Backzeit bleiben gleich. Sie können die Teige mit beliebigen Plätzchenformen ausstechen. Die Formen, die hier angegeben sind, sollen nur die Zuordnung zum Foto (S. 144/145) erleichtern.

WALNUSSHERZEN

100 g Walnusskerne nicht zu fein mahlen, mit 1 TL Zimtpulver und ½ TL gemahlenem Kardamom unter das Grundrezept mischen. Aus dem Teig Herzen ausstechen.

MANDEL-KEKSE

100 g fein gemahlene Mandeln, einige Tropfen Bittermandelaroma und 1 TL Spekulatiusgewürz unter das Grundrezept mischen. Aus dem Teig Monde, Quadrate oder Tiere ausstechen.

MOHNSTERNE

100 g backfertige Mohnfüllung unter das Grundrezept mischen. Aus dem Teig Sterne ausstechen.

SCHOKO-TALER

80 g Schokotröpfchen und 1 EL Kakaopulver unter das Grundrezept mischen. Aus dem Teig Taler ausstechen.

PISTAZIEN-BÄUMCHEN

50 g gehackte Pistazien und 1 Päckchen Vanillezucker unter das Grundrezept mischen. Aus dem Teig Tannenbäume ausstechen.

FÜLLUNGEN FÜR DOPPELDECKER

Noch mehr Abwechslung bekommen Sie auf den Plätzchenteller, wenn Sie einen Teil der Plätzchen mit Konfitüre, Schokolade und weihnachtlichen Gewürzen füllen.

SPITZBUBEN-FÜLLUNG

Nach dem Ausstechen des Teiges mit Plätzchenformen bei der Hälfte der Plätzchen mittig kleine Löcher ausstechen. Nach dem Backen die Plätzchen ohne Loch mit roter Konfitüre bestreichen und die Plätzchen mit Loch daraufsetzen.

LEBKUCHEN-NUSS-NUGAT-FÜLLUNG

Nuss-Nugat in einem Wasserbad schmelzen, mit etwas Lebkuchengewürz verrühren, leicht abgekühlt auf ein Plätzchen streichen, ein anderes Plätzchen daraufsetzen. Statt Nuss-Nugat-Masse kann man auch Nuss-Nugat-Creme verwenden, dann das Lebkuchengewürz in 1 EL heißer Sahne auflösen und unter die Creme rühren.

ZWETSCHGEN-MOHN-FÜLLUNG

Zwetschgenkonfitüre auf ein Plätzchen streichen, ein anderes mit küchenfertiger Mohnfüllung bestreichen und die beiden Plätzchen zusammensetzen.

Johannisbeer-Ingwer-Füllung

Johannisbeergelee mit etwas gemahlenem Ingwer verrühren, einen Tupfen davon auf ein Plätzchen streichen und ein anderes Plätzchen daraufsetzen.

+ GEWÜRZTE PFLAUMEN-FÜLLUNG

Pflaumenmus mit etwas Zimt- und Nelkenpulver verrühren, die Plätzchen damit füllen.

+ Rühren Sie feste Konfitüre mit 1 bis 2 EL heißem Wasser glatt. Am allerbesten schmecken Plätzchenfüllungen natürlich mit selbst gemachter Konfitüre.

PLÄTZCHEN VERZIEREN

ZUCKERGUSS

Für das Butterplätzchen-Grundrezept oder die Varianten (siehe S. 146 und 147) etwa 300 g Puderzucker mit etwa 7 EL Zitronen- oder Orangensaft zu einem glatten Guss verrühren. Nach Belieben mit ein paar Tropfen Speisefarbe bunt einfärben und die abgekühlten Plätzchen gleichmäßig damit bepinseln.

KUVERTÜRE

Für das Butterplätzchen-Grundrezept oder die Varianten (siehe S. 146 und 147) etwa 300 g Kuvertüre in einer Schüssel über dem warmen Wasserbad langsam schmelzen und die Plätzchen darin teilweise eintauchen oder ganz damit bepinseln. Kunstvoll sieht es aus, wenn Sie die Kuvertüre mit einem Löffel kreuz und quer über die Plätzchen laufen lassen.

+ DER GRUNDVORRAT ZUM PLÄTZCHEN-BACKEN

– Mehl
– Butter
– Eier
– Zucker
– Puderzucker
– Nüsse
– Konfitüre
– Kuvertüre

NÜSSE & CO.

Gerade auf Schokoladenguss machen sich ganze oder gehackte Mandeln, Walnüsse, Cashewkerne oder Pistazien besonders gut. Aber auch zerbröselte Cornflakes, Krokant oder Kokosraspel. Daraufstreuen, wenn die Schokolade noch feucht ist.

SCHOKO- UND ZUCKERDEKOR

Die Auswahl an Dekormaterial zum Bestreuen von Plätzchen ist riesig und lässt sich kaum mehr aufzählen. Neben Schokostreuseln, -herzen oder -raspeln ist auch Streudekor aus Zucker zum Verzieren der Plätzchen hübsch. Zur Weihnachtszeit gibt es zum Beispiel Tannenbäumchen, Sterne, Perlen und Schneeflocken.

+ ALLES, WAS PLÄTZCHEN SCHÖN MACHT ...

WALNUSSLEBKUCHEN MIT ZUCKERGUSS

1 150 g Walnusskerne im Blitzhacker fein mahlen, die restlichen Walnüsse eher grob hacken. Das Zitronat und Orangeat im Blitzhacker ebenfalls eher grob hacken, es soll nicht musig werden.

2 Die Eier mit dem Zucker und dem Honig schaumig rühren. Zimt und Lebkuchengewürz untermischen. Gehacktes Zitronat und Orangeat sowie die gemahlenen und gehackten Walnüsse unterrühren.

3 Zwei Backbleche mit Backpapier belegen. Die Lebkuchenmasse auf die Oblaten streichen, auf die Bleche setzen und etwa 1 Stunde antrocknen lassen.

4 Den Backofen auf 160 °C vorheizen und die Lebkuchen darin nacheinander auf der mittleren Schiene 20 bis 25 Minuten backen. Herausnehmen und leicht abkühlen lassen.

5 Den Puderzucker mit etwas Milch oder Wasser zu einem dünnen Zuckerguss verrühren und die Lebkuchen damit bestreichen. Auf jeden Lebkuchen sofort 1 Walnusshälfte setzen, damit sie auf dem Zuckerguss kleben bleibt. Die Lebkuchen entfalten ihr volles Aroma erst nach ein paar Tagen.

Varianten:

Anstelle der Walnüsse können Sie Mandeln oder Haselnüsse verwenden. Auch Cashewkerne sind fein.

Statt mit Zitronat und Orangeat schmecken die Lebkuchen auch mit Trockenfrüchten Ihrer Wahl, z.B. mit Aprikosen oder Cranberrys.

ZUTATEN

FÜR CA. 30 STÜCK
200 g Walnusskerne
100 g Zitronat
100 g Orangeat
4 Eier
70 g Zucker
6 EL Honig
1 TL Zimtpulver
2 TL Lebkuchengewürz
30 Oblaten (à 70 mm Durchmesser)
50 g Puderzucker
2—3 EL Milch oder Wasser
ca. 30 Walnusshälften zum Garnieren

 ca. 25 Min.
+ ca. 1 Std. Ruhezeit
+ 20—25 Min. Backzeit

SCHNELLE MOHNMONDE

1 Die Butter in Würfel schneiden. Mit Mehl, Zucker, Vanillezucker, 1 Prise Salz und dem Ei erst mit den Knethaken des Handrührgeräts, dann mit den Händen zu einem glatten Teig verkneten. Den Teig in Frischhaltefolie wickeln und 30 Minuten in den Kühlschrank stellen.

2 Den Backofen auf 180 °C vorheizen. Ein Backblech mit Backpapier belegen.

3 Vom Teig etwa walnussgroße Stückchen abzupfen. Die Teigstücke mit den Fingern zu Talern auseinanderdrücken und je einen kleinen Klecks Mohnmasse in die Teigmitte setzen – nicht zu viel, sonst quillt der Mohn später an den Seiten aus dem Plätzchen. Den Teig über die Mohnmasse klappen, sodass ein Halbkreis entsteht. Die Ränder gut festdrücken.

4 Die Mohnmonde aufs Backblech setzen und im Ofen auf der mittleren Schiene 15 bis 20 Minuten goldgelb backen. Herausnehmen, abkühlen lassen und nach Belieben mit Puderzucker bestäuben.

Tipps & Variationen:

Wer die Plätzchen gleichmäßiger geformt haben möchte, rollt den Teig zwischen zwei Lagen Backpapier oder auf etwas Mehl aus und sticht ihn mit einer runden Plätzchenform aus.

Natürlich können Sie den Teig auch mit Konfitüre oder Nuss-Nugat-Creme füllen. Auch Apfel- oder Pflaumenmus schmecken lecker.

ZUTATEN

FÜR CA. 35 STÜCK
150 g Butter
250 g Mehl
90 g Zucker
1 Päckchen Vanillezucker
Salz
1 Ei
50 g backfertige Mohnfüllung
Puderzucker zum Bestäuben
(nach Belieben)

 25 Min.
+ 30 Min. Kühlzeit
+ 15–20 Min. Backzeit

KNUSPRIGE NUSSECKEN

1 Für den Teig die Butter in Stückchen schneiden und mit dem Zucker, dem Mehl und dem Eigelb in eine Rührschüssel geben. Mit den Knethaken des Handrührgeräts zu einem glatten Teig kneten. Den Teig zu einer dicken Platte formen, in Frischhaltefolie wickeln und etwa 30 Minuten in den Kühlschrank stellen.

2 Den Backofen auf 200 °C vorheizen. Ein Backblech mit Backpapier belegen. Die Teigplatte rundherum leicht bemehlen und auf dem Backblech zu einem Quadrat mit etwa 23 cm Seitenlänge ausrollen.

3 Für den Belag die Butter in einem kleinen Topf zerlassen, den Zucker unterrühren und bei schwacher Hitze auflösen. Zimt- und Nelkenpulver unterrühren, dann gehackte und gemahlene Mandeln oder Haselnüsse und Milch mit einem Kochlöffel untermischen.

4 Die Teigplatte mit dem Pflaumenmus bestreichen, dann die Nussmasse mit einer Palette oder einem großen Messer gleichmäßig auf der Teigplatte verteilen. Im Ofen auf der mittleren Schiene 15 bis 18 Minuten backen.

5 Die noch leicht warme Teigplatte sowohl längs als auch quer zweimal durchschneiden, sodass 9 Quadrate entstehen. Die Quadrate diagonal zu 4 Dreiecken schneiden. Die Nussecken abkühlen lassen.

6 Für die Deko die Kuvertüre über dem warmen Wasserbad schmelzen. Die Spitzen der Nussecken in die Kuvertüre tauchen. Auf Backpapier legen und trocknen lassen.

Varianten:

Mit frisch gemahlenen und gehackten Nüssen schmeckt das Gebäck aromatischer und saftiger. Auch Walnüsse und Cashewkerne eignen sich.

Statt mit Zimt- und Nelkenpulver lässt sich die Nussmasse mit Lebkuchen- oder Spekulatiusgewürz verfeinern.

Die Teigplatte können Sie auch mit Aprikosenkonfitüre oder mit Orangenmarmelade bestreichen.

ZUTATEN

FÜR CA. 36 STÜCK

FÜR DEN TEIG:
100 g Butter
50 g Zucker
175 g Mehl
1 Eigelb
Mehl zum Ausrollen

FÜR BELAG UND DEKO:
80 g Butter
100 g Zucker
¼ TL Zimtpulver
1 Msp. Nelkenpulver
100 g gehackte Mandeln oder Haselnüsse
100 g gemahlene Mandeln oder Haselnüsse
2 EL Milch
3 EL Pflaumenmus
150 g Vollmilch- oder Zartbitterkuvertüre

 ca. 40 Min.
+ ca. 30 Min. Kühlzeit
+ 15–18 Min. Backzeit

·.·.·. LEBKUCHENHAUSTÜTEN ·.·.·.·.

DAFÜR BRAUCHT MAN:

- BRAUNE BODENBEUTEL AUS PAPIER IN VERSCHIEDENEN GRÖßEN

- BLEISTIFT
- FILZSTIFT WEIß
- SCHERE
- KLEBER
- STERNSTANZER 2,5cm Ø
- ALUMINIUMFOLIE SILBER
- PINKFARBENES PAPIER
- KORDEL SILBER

① MIT BLEISTIFT GEWÜNSCHTE MOTIVE GANZ DÜNN AUF DIE PAPIERBEUTEL ZEICHNEN.

② MIT WEIßEM FILZSTIFT MOTIVE NACHZEICHNEN.

③ DACHFORMEN MIT DER SCHERE AUSSCHNEIDEN UND AUS DEN ABGESCHNITTENEN PAPIERSTÜCKEN FENSTERLÄDEN & TANNE AUSSCHNEIDEN, BEMALEN UND AUF DIE HÄUSER KLEBEN.

④ STERNE AUS SILBERFOLIE & PINKEM PAPIER STANZEN UND AN KORDEL & HÄUSER KLEBEN, KORDEL UM DIE TÜTE BINDEN.

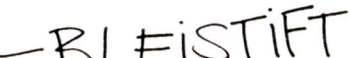
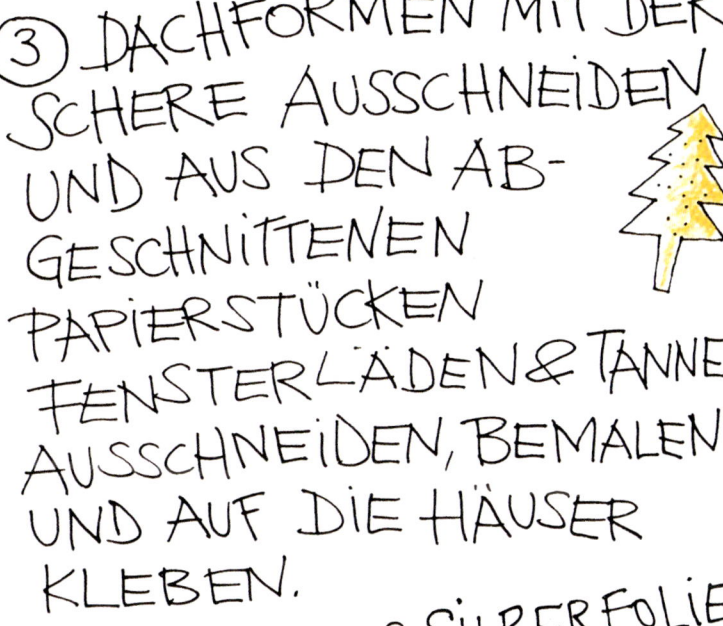

MARZIPAN-ENGEL UND STERNMÄNNCHEN

Marzipanrohmasse besteht aus Mandeln und Zucker. Daraus kann man ganz einfach süße Leckerlis backen. Die Masse lässt sich gut in alle möglichen Formen bringen und wird beim Backen superaromatisch.

1 Den Backofen auf 190 °C vorheizen. Ein Backblech mit Backpapier auslegen. Die Marzipanrohmasse in Scheiben schneiden und etwa 3 mm dick zwischen zwei Lagen Frischhaltefolie oder Backpapier ausrollen.

2 Aus der Hälfte des Marzipans Engel ausstechen und aufs Backblech legen. Zuckerperlen als Augen auf die Marzipan-Engel drücken. Aus der anderen Marzipanhälfte Sterne ausstechen. Die Sterne aufs Blech legen. Ein Zacken ist der Kopf, je zwei Zacken sind Arme und Beine des Sternmännchens. Auf jeden Zacken für den Kopf zwei Zuckerperlen als Augen in das Marzipan drücken. Dann jedem Sternmännchen 1 Mandel auf den „Körper" legen und einen Arm darüberklappen, sodass jedes Männchen 1 Mandel im Arm hält.

3 Engel und Sternmännchen im Ofen etwa 5 Minuten goldgelb backen. Aus dem Ofen nehmen und abkühlen lassen. Inzwischen den Puderzucker mit Zitronensaft zu einem glatten dicken Guss verrühren und die Engel mit etwas Guss bestreichen. Fest werden lassen. Die Sternmännchen unglasiert lassen, aber mit Zuckerschrift Männchen und Engel einen Mund aufs Gesicht malen. Die Konturen der getrockneten Engel mit Zuckerschrift nachzeichnen.

ZUTATEN

FÜR CA. 20 STÜCK
300 g Marzipanrohmasse
bunte Zuckerperlen
ca. 10 ungeschälte Mandeln
100 g Puderzucker
ca. 1 EL Zitronensaft
braune Zuckerschrift

 ca. 30 Min.
+ 5 Min. Backzeit

 1 Engelausstechform, 1 Stern-
ausstechform mit 5 Zacken

GLÜCKSSCHWEINCHEN

Aus Marzipan lassen sich auch gut kleine Schweine ausstechen oder modellieren und nach dem Backen mit rosa eingefärbtem Zuckerguss bepinseln. In Zellophan verpackt, sind sie ein netter Glücksbringer für Silvester oder für Prüfungen.

SCHOKOHÄPPCHEN

Monde oder Sterne aus Marzipanrohmasse ausstechen und – gebacken oder ungebacken – mit geschmolzener Kuvertüre überziehen. Nach Belieben mit Mandeln verzieren und auf Backpapier trocknen lassen.

MARZIPANPRALINEN

Verkneten Sie Marzipanrohmasse mit gehackten Pistazien und setzen Sie jeweils ein kleines Stückchen von der Masse zwischen zwei Walnusskerne. Leicht festdrücken und in Konfektförmchen aus Papier setzen.

GANZ EASY

HONIGKUCHEN

Ob als Baumschmuck, dekorativer Geschenkanhänger oder für den Plätzchen-teller: Honigkuchen sieht nicht nur ansprechend aus, sondern schmeckt selbst gebacken auch einfach köstlich.

1 Den Honig mit dem Rübensirup und dem Zucker in einem Topf unter Rühren erhitzen, bis sich der Zucker aufgelöst hat. Den Topf vom Herd nehmen. Lebkuchengewürz, Zimtpulver, 1 Prise Salz und Butter unterrühren. Die Masse in eine Schüssel gießen und abkühlen lassen.

2 Mehl und Backpulver zur Honigmasse geben und mit den Knethaken des Handrührgeräts zu einem glatten Teig kneten. Den Teig zu einem flachen Fladen formen, in Frischhaltefolie wickeln und etwa 2 Stunden in den Kühlschrank legen.

3 Den Backofen auf 180 °C vorheizen. Ein Backblech mit Backpapier auslegen. Den Teig rundherum mit Mehl bestäuben und auf einem Bogen Backpapier nicht zu dünn ausrollen. Mit den Ausstechern nach Belieben Herzen, Sterne und andere Motive ausstechen. Sollen die Plätzchen als Anhänger verwendet werden, in jedes Plätzchen mit einem Holzlöffelstiel ein Loch hineinbohren. Dabei die Ausstechform jedes Mal im Teig stecken lassen, sonst reißt der Teig beim Formen des Loches. Die Honigkuchen aufs Backblech setzen und im Ofen auf der mittleren Schiene etwa 10 Minuten backen. Abkühlen lassen.

4 Den Puderzucker mit Zitronensaft zu einem dicken, sehr zähflüssi-gen Guss rühren. Den Zuckerguss in einen Gefrierbeutel füllen und mit der Schere eine ganz kleine Ecke abschneiden. Die Honigkuchen mit dem Zuckerguss verzieren und nach Belieben Zuckerperlen auf-kleben. Trocknen lassen.

Variante:

Bereiten Sie etwas mehr Zuckerguss zu, färben Sie ihn mit Lebens-mittelfarbe ein und bestreichen Sie die Plätzchen damit. Auf den trockenen Guss können Sie dann mit weißem Guss oder mit fertiger Zuckerschrift Grüße, Namen oder Muster aufmalen.

ZUTATEN

FÜR CA. 35 STÜCK
100 g Honig
100 g Rübensirup
100 g Rohrohrzucker
3 TL Lebkuchengewürz
½ TL Zimtpulver
Salz
200 g Butter
500 g Mehl
1 TL Backpulver
Mehl zum Ausrollen
150 g Puderzucker
1—2 EL Zitronensaft
Zuckerperlen (nach Belieben)

 ca. 50 Min.
+ ca. 2 Std. Ruhezeit
+ ca. 10 Min. Backzeit

mittelgroße Ausstecher in verschiedenen Formen (Herzen, Sterne, Tannen, Männchen)

SPRITZGEBÄCK MIT SCHOKOLADE

Mürbes Spritzgebäck, eingetaucht in dunkle Kuvertüre, sieht toll aus und zergeht auf der Zunge. Kleine Kinder lieben es, wenn man noch ein paar bunte Streusel darüberstreut.

1 Den Backofen auf 180°C vorheizen. Ein Backblech mit Backpapier belegen.

2 Die Butter mit dem Ei, dem Eigelb, dem Zucker und dem Vanillezucker schaumig schlagen. Die Mandeln, das Mehl und die Speisestärke unterrühren.

3 Den Teig in einen Spritzbeutel mit Sterntülle füllen und kleine Kränze mit Abstand zueinander auf das Backblech spritzen, denn der Teig fließt beim Backen etwas auseinander. Die Kränze im Ofen auf der mittleren Schiene etwa 8 Minuten goldgelb backen. Herausnehmen und abkühlen lassen.

4 Die Kuvertüre in Stücke brechen. Die Hälfte in einer kleinen Schüssel über dem warmen Wasserbad bei schwacher Hitze schmelzen. Die übrige Kuvertüre dazugeben und ebenfalls unter Rühren schmelzen. Die abgekühlten Kränze darin zur Hälfte eintauchen. Auf Backpapier legen und trocknen lassen.

Tipps:

Wer mag, streut fein gehackte Pistazien oder Mandeln über die noch feuchte Kuvertüre.

Statt die Kränze in Kuvertüre einzutauchen, die geschmolzene Kuvertüre in einen Gefrierbeutel füllen, eine winzige Ecke abschneiden und feine Schokolinien über die Kränze fließen lassen.

Es lassen sich natürlich auch andere Formen aus dem Teig aufspritzen, zum Beispiel kleine Herzen, Stangen oder S-Formen.

ZUTATEN

FÜR CA. 70 STÜCK
125 g weiche Butter
1 Ei
1 Eigelb
100 g Zucker
1 Päckchen Vanillezucker
80 g gemahlene Mandeln
150 g Mehl
50 g Speisestärke
200 g Vollmilchkuvertüre

ca. 40 Min.
+ ca. 8 Min. Backzeit

Spritzbeutel mit Sterntülle

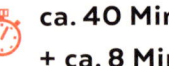

SCHOKOLADENBROT MIT MANDELN

80 Plätzchen in knapp einer halben Stunde im Ofen, in anderthalb Stunden fix und fertig dekoriert – das ist fast schon rekordverdächtig. Und sie schmecken einfach köstlich!!

ZUTATEN

FÜR CA. 80 STÜCK
250 g weiche Butter
150 g Zucker
5 Eier
1 Röhrchen Rumaroma
(nach Belieben)
100 g Schokoraspel
100 g Schokotröpfchen
200 g gemahlene Mandeln
150 g Mehl
200 g Zartbitterkuvertüre

 ca. 30 Min.
+ ca. 20 Min. Backzeit
+ ca. 40 Min. Abkühlzeit

ganz easy

1 Den Backofen auf 180 °C vorheizen. Ein Backblech mit Backpapier belegen.

2 Die Butter mit dem Zucker, den Eiern und dem Rumaroma schaumig schlagen. Die Schokoraspel und die Schokotröpfchen untermischen. Dann die Mandeln und das Mehl unterrühren. Den Teig etwa fingerdick auf das Backblech streichen und auf der mittleren Schiene etwa 20 Minuten backen. Aus dem Ofen nehmen und die Teigplatte abkühlen lassen.

3 Inzwischen die Kuvertüre in Stücke brechen. Die Hälfte in einer kleinen Schüssel über dem warmen Wasserbad bei schwacher Hitze schmelzen. Die übrige Kuvertüre dazugeben und ebenfalls unter Rühren schmelzen.

4 Die Oberfläche der abgekühlten Teigplatte mit der Kuvertüre überziehen. Dazu am besten die flüssige Kuvertüre auf die Mitte der Teigplatte fließen lassen und dann mit einer langen Palette oder einem großen Messer gleichmäßig verteilen. Die Glasur etwas antrocknen lassen, dann die Teigplatte mit einem scharfen Messer in etwa 3½ cm große Würfel schneiden und die Würfel diagonal zu Dreiecken schneiden. Gut trocknen lassen und in einer dicht schließenden Dose aufbewahren.

Tipps:

Das Gebäck wird saftiger, wenn Sie die Mandeln für den Teig selbst im Blitzhacker mahlen.

Gehackte Mandeln über die Schokoladenglasur streuen, solange sie noch feucht ist. Wer mag, lässt noch feine Linien geschmolzene weiße Kuvertüre über die dunkle Schokoladenglasur laufen.

LINZER SCHNITTEN MIT JOHANNISBEERGELEE

Die österreichische Spezialität Linzer Torte hier mal in Form von handlichen Häppchen. Einfach zugreifen!

1 Butter, Zucker, Eier, Gewürze und Mandelaroma mit den Quirlen des Handrührgeräts schaumig rühren. Die Mandeln und das Mehl mit den Knethaken untermischen. Den Teig in Frischhaltefolie wickeln und etwa 45 Minuten im Kühlschrank fest werden lassen.

2 Den Backofen auf 180 °C vorheizen. Ein Backblech mit Backpapier belegen. Etwa zwei Drittel des Teiges abtrennen und rundherum mit etwas Mehl bestäuben. Auf dem Backpapier in Größe des Backblechs ausrollen. Die Ränder gerade schneiden. Das Gelee glatt rühren und die Teigplatte damit gleichmäßig bestreichen.

3 Den restlichen Teig rundherum mit Mehl bestäuben und etwa 3 mm dick ausrollen. Daraus verschieden große Sterne ausstechen und die Teigplatte damit belegen.

4 Die Teigplatte im Ofen auf der mittleren Schiene etwa 30 Minuten backen. Noch warm in Quadrate schneiden. Die Linzer Schnitten abgekühlt mit Puderzucker bestäuben, in Blechdosen verpacken und mindestens 3 Tage durchziehen lassen.

Tipps:

Am besten schmecken die Schnitten mit selbst gemachtem Gelee. Nicht nur Johannisbeergelee, auch Himbeer- oder Heidelbeergelee und Zwetschgenmus sind dafür geeignet.

Aus dem Teig kann man etwa 70 Linzer Kekse backen. Dann die Teigplatte relativ dicht mit 70 kleinen Sternen belegen und nach dem Backen in 3 × 3 cm große Quadrate schneiden.

ZUTATEN

FÜR CA. 40 STÜCK
300 g weiche Butter
250 g Zucker
2 Eier
1½ TL Zimtpulver
½ TL Nelkenpulver
3–4 Tropfen Bittermandel-aroma
300 g gemahlene Mandeln
400 g Mehl
Mehl zum Ausrollen
250 g Johannisbeergelee
Puderzucker zum Bestäuben

 ca. 35 Min.
+ ca. 45 Min. Kühlzeit
+ ca. 30 Min. Backzeit

 2 unterschiedlich große Sternausstechformen

+ KLASSISCH

BEREITEN SIE DIE SCHNITTEN
WIE DAS ORIGINAL MIT EINEM
TEIGGITTER STATT STERNEN ZU.

+ FÜRS AROMA

AUCH WENN'S SCHWERFÄLLT:
DEN STOLLEN VOR DEM ANSCHNEIDEN
2 BIS 3 TAGE RUHEN LASSEN.

OMI USCHIS CHRISTSTOLLEN

Der weltbeste Stollen meiner Mutter wird nicht auf dem Blech, sondern in einer großen Auflaufform gebacken. Die vielen guten Zutaten machen den Hefeteig so schwer, dass er sonst beim Backen auseinanderlaufen würde.

1 Die Milch lauwarm erhitzen. Das Mehl in eine Schüssel geben. In die Mitte eine Vertiefung drücken, die zerbröckelte Hefe mit 2 TL Zucker und etwas warmer Milch verrühren und in die Mulde gießen. Mit etwas Mehl bestäuben und zugedeckt etwa 40 Minuten gehen lassen.

2 Die restliche Milch, den übrigen Zucker, die weiche Butter, Zitronenschale, Salz und Gewürze zugeben. So lange kneten, bis sich der Teig von der Schüsselwand löst. Rosinen, Korinthen, Zitronat und Orangeat sowie Mandeln hinzufügen, alles gut durchkneten und den Teig zugedeckt an einem warmen Ort etwa 40 Minuten gehen lassen.

3 Teig nochmals kräftig durchkneten und zugedeckt weitere 40 Minuten gehen lassen. Inzwischen den Backofen auf 190 °C vorheizen.

4 Die Auflaufform mit Backpapier auslegen (siehe unten), den Teig noch mal kneten, hineingeben und mit den Händen in Form bringen. Im Ofen auf der mittleren Schiene 85 bis 90 Minuten backen. Damit die Oberfläche nicht zu dunkel wird, mit Backpapier abdecken.

5 Den Stollen noch heiß mit zerlassener Butter bepinseln, erst mit etwas Zucker, dann mit einer Mischung aus Puder- und Vanillezucker bestreuen. Abgekühlt in Alufolie packen.

Tipps:

Die Form mit Backpapier auslegen. Nur dann lässt sich der gewichtige Stollen nach dem Backen gut aus der Form heben. Aber erst ganz auskühlen lassen, sonst bricht er auseinander!

Damit der Stollen lange frisch und saftig bleibt, am besten in 4 bis 6 Stücke schneiden und separat in Alufolie einpacken. Idealerweise lagert man die Stücke in einem ungeheizten Raum.

ZUTATEN

FÜR 1 AUFLAUFFORM MIT CA. 36×23 CM

FÜR DEN STOLLEN:
½ l Milch
1 kg Mehl
2 ½ Würfel Hefe (ca. 100 g)
200 g Zucker
450 g weiche Butter
abgeriebene Schale von
1 Bio-Zitrone
1 TL Salz
½ TL gemahlener Kardamom
½ TL gemahlene Muskatblüte (Macis)
1 TL Zimtpulver
500 g Rosinen
150 g Korinthen
150 g gehacktes Zitronat
150 g gehacktes Orangeat
150 g gehackte Mandeln

AUSSERDEM:
100 g zerlassene Butter
Zucker, Puderzucker und Vanillezucker zum Bestreuen

 ca. 40 Min.
+ ca. 2 Std. Ruhezeit
+ 85—90 Min. Backzeit

Weihnachtsschätze:
unsere liebsten Familien-Plätzchenrezepte

....

....

....

....

....

....

....

....

....

....

....

....

....

....

IHR
BEIM
WEIHNACHTS-
BACKEN

KAPITEL 7

PIKANT AUS DER HAND

Nach so viel Süßem zeigt dieses Kapitel, was das herzhafte Backen zu bieten hat. Zum Beispiel frisches Brot und knusprige Brötchen, die wirklich easy nachzubacken sind. Oder schnell gerührtes Vollkornbrot, das auch Kindern schmeckt und perfekt für leckere Pausenbrote ist. Dazu jede Menge pikante Blechkuchen, Familienpizza inklusive. Genügend Abwechslung also für schnelle Snacks, für Mittag- und Abendessen und ideal, wenn sich Besuch ankündigt oder die Freunde der Kinder doch wieder länger zu Besuch bleiben …

YUMMY!

SONNTAGSBRÖTCHEN

1 Die Hefe mit Zucker und Wasser verrühren. Mit Mehl, Salz, Öl und Buttermilch in eine Schüssel füllen und alles zu einem glatten Teig verkneten. Zugedeckt über Nacht in den Kühlschrank stellen.

2 Am nächsten Morgen den Teig sofort aus dem Kühlschrank nehmen, damit er weich wird. Ein Backblech mit Backpapier belegen. Den Backofen auf 200 °C vorheizen. Den Teig noch mal kräftig durchkneten, halbieren und unter eine Hälfte 2 EL Sonnenblumenkerne kneten. Jede Teighälfte in vier Stücke teilen, zu Brötchen formen und aufs Blech setzen. Mit den restlichen Kernen bestreuen, 10 Minuten gehen lassen.

3 Die Brötchen kreuzförmig einschneiden, im Ofen auf der mittleren Schiene etwa 30 Minuten backen. Nach 20 Minuten mit etwas Milch bepinseln, damit die Brötchen eine schöne Farbe bekommen.

ZUTATEN

FÜR 8 BRÖTCHEN
½ Würfel Hefe (21 g)
1 TL Zucker · 2 EL Wasser
500 g Mehl
1 TL Salz
1 EL Olivenöl
300 g Buttermilch
4 EL Sonnenblumenkerne
Milch zum Bestreichen

 ca. 25 Min.
+ Gehzeit über Nacht
+ 10 Min. Gehzeit am Morgen
+ ca. 30 Min. Backzeit

QUARKBRÖTCHEN

Diese Brötchen ohne Hefe sind ganz schnell im Ofen. Damit können Kinder am Sonntagmorgen ihren Eltern eine Freude machen – oder Eltern ihren Kindern.

1 Den Backofen auf 200 °C vorheizen. Den Quark mit der Butter, dem Salz, dem Zucker und dem Ei kurz verquirlen. Mehl, Haferflocken und Backpulver dazugeben und alles zu einem glatten Teig verkneten.

2 Ein Backblech mit Backpapier belegen. Den Teig in der Schüssel rundherum dünn mit Mehl bestäuben, damit er nicht so klebt. Dann kleine Portionen abnehmen und daraus Brötchen formen. Aufs Blech setzen, mit Haferflocken bestreuen und im Ofen auf der mittleren Schiene 15 bis 20 Minuten backen.

ZUTATEN

FÜR 10–12 KLEINE BRÖTCHEN
250 g Magerquark
50 g weiche Butter
1 TL Salz · 1 TL Zucker
1 Ei
250 g Mehl
50 g feine Haferflocken
1 Päckchen Backpulver
Mehl zum Bestäuben
Haferflocken zum Bestreuen

 ca. 20 Min
+ 15–20 Min. Backzeit

MACH
MIT ↑

SCHNELLES VOLLKORNBROT

Ein saftiges Vollkornbrot, das garantiert auch Kindern schmeckt und in knapp 20 Minuten im Ofen ist. Grob gehackte Kerne und Haferflocken geben ihm sein herrlich nussiges Aroma. Die Kastenform macht es perfekt fürs Pausenbrot.

1 Das Mehl in eine große Schüssel geben. Die Haferflocken, das Salz, die Trockenhefe und den Zucker dazugeben und alles mischen.

2 Die Walnuss- und Kürbiskerne im Blitzhacker grob hacken und mit den Sonnenblumenkernen zum Mehl geben.

3 Den Essig, das Öl und das Wasser hinzufügen und alles mit den Knethaken des Handrührgeräts zu einem glatten Teig kneten.

4 Die Kastenform mit Backpapier auslegen und den Teig einfüllen. Die Teigoberfläche mit einem Messer längs etwa 2 cm tief einritzen. Teig nach Belieben mit Kernen bestreuen, dabei etwas festdrücken, damit sie gut haften bleiben. Die Backform in den kalten Backofen stellen und das Brot bei 180 °C etwa 1 Stunde backen. Mit dem Backpapier aus der Form heben und abkühlen lassen.

Tipps:

Variieren Sie Kerne und Nüsse nach eigenem Geschmack.

Sie können auch die Hälfte des Vollkornmehls durch Dinkelmehl Type 630 oder Weizenmehl Type 405 ersetzen.

Legen Sie die Backform unbedingt mit Backpapier aus. Das Brot klebt sonst an der Form fest.

Damit das Brot nicht bricht, lassen Sie es erst vollständig auskühlen, bevor Sie es in Scheiben schneiden.

ZUTATEN

**FÜR 1 KASTENFORM
MIT 30 CM LÄNGE**
450 g Dinkelvollkornmehl
100 g feine Haferflocken
2 TL Salz
1 Päckchen Trockenhefe
1 TL Zucker
100 g Walnusskerne
70 g Kürbiskerne
50 g Sonnenblumenkerne
2 EL Apfelessig oder Balsamico bianco
2 EL Öl
½ l lauwarmes Wasser
Kürbis- und Sonnenblumenkerne zum Bestreuen

 ca. 20 Min.
+ 1 Std. Backzeit

GANZ FIX

BUTTERMILCHBROT MIT KERNEN

Ein großer Laib köstliches Mischbrot. Der reicht auch dann, wenn Freunde zum Essen bleiben. Und die bleiben garantiert, wenn es nach frischem Brot duftet.

1 Die Hefe zerbröckeln, mit Zucker und Wasser glatt rühren. Weizen- oder Dinkelmehl sowie Roggenmehl in eine Schüssel geben. Das Salz, das Öl, die Buttermilch und die Hefemischung dazugeben und alles zu einem geschmeidigen Teig verkneten. Zugedeckt etwa 1 Stunde gehen lassen.

2 Ein Backblech mit Backpapier belegen. Den Teig noch mal kräftig durchkneten. Rundherum mit Mehl bestäuben und dabei mit den Händen durchkneten, bis der Teig außen nicht mehr klebrig ist und sich gut aus der Schüssel nehmen lässt. Den Teig zu einem großen Laib formen und auf das Backblech setzen. Zugedeckt nochmals etwa 30 Minuten gehen lassen.

3 Den Backofen auf 220 °C vorheizen. Das Brot rundherum etwas zusammendrücken, damit es nicht zu flach wird. Mit einem Messer kreuzweise tief einschneiden, mit Wasser bepinseln und mit Kernen bestreuen. Im Ofen auf der untersten Schiene erst 10 Minuten bei 220 °C, dann 50 Minuten bei 200 °C backen.

Tipps:

Keine Buttermilch zur Hand? Das Brot schmeckt auch nur mit Wasser, dann insgesamt 700 ml nehmen!

Alle Arten von Kernen und Nüssen, die man unterknetet, machen das Brot gehaltvoller.

Schnell in Form gebracht: Alternativ können Sie den Brotlaib in einer Kastenform backen, die sie vorher mit Backpapier ausgelegt haben.

ZUTATEN

FÜR 1 LAIB
1 Würfel Hefe (42 g)
1 TL Zucker
200 ml lauwarmes Wasser
500 g Weizenmehl Type 405
oder Dinkelmehl Type 630
500 g Roggenvollkornmehl
3 TL Salz
3 EL Oliven- oder Sonnenblumenöl
500 g Buttermilch
Mehl zum Bestäuben
Kürbis- und Sonnenblumenkerne zum Bestreuen

 ca. 20 Min.
+ ca. 1½ Std. Gehzeit
+ ca. 1 Std. Backzeit

ich ♡ es

WALNUSSBAGUETTE

Über 300 Brotsorten gibt es in Deutschland zu kaufen und da soll man das Brot noch selbst backen? Vielleicht nicht täglich, aber es lohnt sich. Vor allem, wenn man nur Brot aus Großbäckereien bekommt, die mit fertigen Backmischungen und jeder Menge Zusatzstoffe arbeiten. Beim Selberbacken weiß man, was drin steckt, und es ist wirklich einfach.

1 Das Mehl mit Salz, Zucker, Hefe und Wasser in eine Schüssel füllen und mit den Knethaken des Handrührgeräts zu einem glatten Teig verarbeiten. Zuletzt das Öl unterkneten. Den Teig zugedeckt an einem warmen Ort mindestens 2 Stunden gehen lassen.

2 Den Teig noch mal kräftig durchkneten, dann die Walnüsse einarbeiten. Den Teig halbieren, rundherum leicht mit Mehl bestäuben und jede Hälfte zu einer Baguettestange formen. Die Stangen sollen eher dünn als dick sein, denn das Brot geht beim Backen noch auseinander. Die Brote auf ein mit Backpapier belegtes Backblech legen und zugedeckt noch mal 30 Minuten gehen lassen.

3 Den Backofen auf 220 °C vorheizen. Die Baguettes auf der mittleren Schiene etwa 25 Minuten backen.

Tipps:

Statt Trockenhefe können Sie auch frische verwenden. Diese müssen Sie aber mit Zucker in etwas warmem Wasser auflösen, bevor sie unter das Mehl gerührt wird.

Für puren Baguettegenuss lassen Sie die Walnüsse einfach weg!

Wer mag, bepinselt das Brot vor dem Backen mit etwas Wasser und bestreut es mit gehackten Walnüssen, Sonnenblumen- oder Kürbiskernen. Oder mit einer Salatkerne-Mischung.

Statt Walnüssen schmecken Haselnüsse, Cashew- oder Pinienkerne im Teig. Auch Röstzwiebeln, entsteinte Oliven, getrocknete Tomaten oder Kräuter sind eine leckere Abwechslung.

ZUTATEN

FÜR 2 BAGUETTE-STANGEN
750 g Mehl
2 TL Salz
1½ TL Zucker
1½ Päckchen Trockenhefe
350 ml lauwarmes Wasser
4 EL Olivenöl
150 g Walnusskerne
Mehl zum Verarbeiten

 ca. 20 Min.
+ 2 ½ Std. Gehzeit
+ ca. 25 Min. Backzeit

BROT IM GLAS
Verschenken Sie das Baguette doch mal als Backmischung aus dem Glas! Die Anleitung dafür finden Sie auf S. 176. Ins Glas passen die Zutaten für 1 Baguette, also die Hälfte der Rezeptmenge.

...BACKMISCHUNG IM GLAS

DAFÜR BRAUCHT MAN:

- 1 GLAS MIT SCHRAUB-VERSCHLUSS (CA. 750 ML)
- VERSCHIEDENE STEMPEL-BUCHSTABEN
- STEMPELKISSEN
- CA. 15 STÜCKE HELLROSA PAPIER JE CA. 1,5 × 3 CM
- DOPPELSEITIGES KLEBEBAND
- 1 STREIFEN MINTGRÜNES PAPIER (CA. 34 × 8 CM)
- NÄHMASCHINE
- HELLGRÜNES GARN
- HELLGRÜNE KORDEL

① GLAS MIT BACKZUTATEN FÜLLEN.

② MIT DEN BUCHSTABEN DEN REZEPTNAMEN AUF DIE ROSA STREIFEN STEMPELN. [W] [A] [L] [N]

③ MIT DOPPELSEITIGEM KLEBEBAND DIE STREIFEN AUF DEM GRÜNEN PAPIER FIXIEREN, DANN MIT DER NÄHMASCHINE EINE NAHT DARÜBER NÄHEN. FADENENDEN HERUNTERHÄNGEN LASSEN.

④ BANDEROLE UM DAS GLAS LEGEN & UNSICHTBAR MIT DEM DOPPELSEITIGEM KLEBEBAND BEFESTIGEN. DIE KORDEL MIT SCHLEIFE UMS GLAS BINDEN. ÖL IM FLÄSCHCHEN & HEFE IM PÄCKCHEN MIT ANS GLAS BINDEN ODER DAZUSTELLEN. REZEPT MITLIEFERN!

FOCACCIA

Zu Suppen, Salaten, Antipasti, Käse oder einfach nur zum Knabbern –
der italienische Klassiker ist schnell geknetet und schmeckt nach Urlaub.

1 Das Mehl mit der Trockenhefe, dem Salz und dem Zucker in einer Schüssel vermischen. Das lauwarme Wasser und 7 EL Olivenöl dazugeben und alles zu einem geschmeidigen Teig kneten. Zugedeckt an einem warmen Ort etwa 45 Minuten gehen lassen.

2 Ein Backblech mit Backpapier belegen. Den Teig noch mal kräftig durchkneten, rundherum mit Mehl bestäuben und auf dem Backpapier etwa fingerdick gleichmäßig ausrollen. Den Teig mit 1 EL Öl bestreichen, mit Rosmarin und Meersalz bestreuen.

3 Das Blech in den kalten Ofen schieben und die Focaccia bei 220 °C auf der mittleren Schiene etwa 25 Minuten backen. Noch warm mit dem restlichen Öl bepinseln und vor dem Servieren in Stücke schneiden.

ZUTATEN

FÜR CA. 12 STÜCKE
500 g Mehl
1 Päckchen Trockenhefe
1½ TL Salz
½ TL Zucker
¼ l lauwarmes Wasser
9 EL Olivenöl
Mehl zum Ausrollen
1–2 EL fein gehackter Rosmarin
grobes Meersalz zum Bestreuen

etwa 20 Min.
+ ca. 45 Min. Gehzeit
+ ca. 25 Min. Backzeit

Fixe gemacht

MIT TOMATEN

200 g abgetropfte, in Öl eingelegte, getrocknete Tomaten oder getrocknete Snacktomaten klein schneiden und nach dem Gehen unter den Teig kneten.

MIT OLIVEN

100 g grüne oder schwarze Oliven ohne Stein in Scheiben oder kleine Würfel schneiden und nach dem Gehen unter den Hefeteig kneten.

MIT TOPPING

Den Teig nach dem Gehen mit 200 g halbierten Cocktailtomaten und 1 bis 2 EL fein gehackten Thymian- oder Basilikumblättchen belegen.

PAPRIKASCHNITTEN

Knuspriger Mürbeteig mit Antipasti-Belag! Wenn alle beim Kneten und Schnippeln helfen, ist das Blech ruckzuck fertig für den Ofen.

1 Für den Mürbeteig alle Zutaten verkneten. Den Teig zu einer dicken Platte formen, in Frischhaltefolie wickeln und etwa 30 Minuten in den Kühlschrank legen.

2 Den Backofen auf 180 °C vorheizen. Für den Belag die Zwiebeln schälen und in Ringe schneiden. Die Paprika längs halbieren, entkernen und waschen, Zucchini putzen und waschen. Beides in Streifen oder Stücke schneiden. Den Knoblauch schälen und in Stifte schneiden.

3 Das Öl in einer Pfanne erhitzen. Die Zwiebeln, die Paprika und den Knoblauch darin etwa 5 Minuten andünsten. Die Zucchini dazugeben und etwa 2 Minuten mitdünsten. Das Gemüse mit Kräutern, Salz und Pfeffer würzen.

4 Den Teig auf ein mit Backpapier belegtes Backblech legen. Eine Lage Backpapier darüberlegen und den Teig zwischen den beiden Papierstücken auf Größe des Backblechs ausrollen – so klebt der Teig auch ohne Mehl nicht an der Teigrolle. Das Gemüse auf dem Teig verteilen. Den Schafskäse würfeln und gleichmäßig auf dem Gemüse verteilen. Den Kuchen im Ofen auf der mittleren Schiene etwa 45 Minuten backen. Zum Servieren in Stücke schneiden.

Tipps:

Der Kuchen lässt sich auch mit dem Quark-Öl-Teig der Tomaten-Rucola-Quiche (Rezept S. 188) zubereiten. Dann ist er weniger mächtig.

Wenn's schnell gehen muss, nehmen Sie fertigen Blätter- oder Hefeteig aus dem Kühlregal.

Wechseln Sie den Gemüsebelag je nach Jahreszeit. Statt Feta schmecken auch Ziegenkäse, Ricotta und gut schmelzender Schnittkäse wie Gouda oder Emmentaler.

FLAMMKUCHEN MIT ROTER BETE UND ZIEGENKÄSE

Eine raffinierte Kombination, die Kindern mindestens so gut schmeckt wie die übliche Pizza. Perfekt auch für Gäste!

1 Für den Hefeteig Mehl und Salz in eine Schüssel geben. Die Hefe mit dem Zucker und dem Wasser verrühren, zum Mehl gießen. Das Öl dazugeben und alles mit den Knethaken des Handrührgeräts zu einem glatten Teig verkneten. Zugedeckt an einem warmen Ort etwa 45 Minuten gehen lassen.

2 Den Teig noch mal gut durchkneten und auf einem mit Backpapier belegten Backblech ausrollen. Weitere 15 Minuten gehen lassen.

3 Inzwischen den Backofen auf 200 °C vorheizen. Für den Belag die Roten Beten und den Ziegenkäse in Scheiben schneiden. Die Walnusskerne in etwas kleinere Stücke brechen. Den Schmand und die saure Sahne verrühren, mit Salz und Pfeffer würzen.

4 Den Hefeteig mit der Schmandmischung bestreichen. Gleichmäßig mit den Rote-Bete- und Ziegenkäsescheiben belegen. Etwas Honig über den Ziegenkäse träufeln und Walnüsse über den Flammkuchen streuen. Im Ofen auf der mittleren Schiene 15 bis 20 Minuten goldgelb backen. Nach Belieben mit Thymian bestreut servieren.

Tipp:

Köstlicher Allrounder: Belegen Sie die Flammkuchen mit Ihren Lieblingszutaten, z.B. mit Frühlingszwiebeln und Schinkenwürfeln, Zwiebeln und Speck, Tomaten und Rucola. Die Schmandmischung bildet immer die Grundlage.

ZUTATEN

FÜR 1 BACKBLECH

FÜR DEN HEFETEIG:
400 g Mehl
2 TL Salz
½ Würfel Hefe (20 g)
½ TL Zucker
200 ml lauwarmes Wasser
3 EL Olivenöl

FÜR DEN BELAG:
500 g vorgegarte Rote Beten (vakuumiert)
400 g Ziegenweichkäserolle
100 g Walnusskerne
200 g Schmand
100 g saure Sahne
Salz · Pfeffer aus der Mühle
Honig zum Beträufeln
Thymianblättchen zum Bestreuen (nach Belieben)

 ca. 35 Min.
+ 1 Std. Gehzeit
+ 15–20 Min. Backzeit

THUNFISCHTÖRTCHEN
STARKE KONKURRENZ ZUR PIZZA TONNO

PAPRIKA-
RICOTTA-
TÖRTCHEN
FRÜHLINGSHAFTER
GRUSS AUS DER KÜCHE

GARNELEN-TÖRTCHEN

LUXUSHÄPPCHEN — EIN FEINER SNACK FÜR GÄSTE

LACHSTÖRTCHEN

FISHING FOR COMPLIMENTS — MIT DIESEN
APPETITHAPPEN GANZ EASY

THUNFISCHTÖRTCHEN

1 Den Backofen auf 200 °C vorheizen. Die Mulden des Muffinblechs kalt ausspülen. Den Blätterteig in 12 etwa 8 ½ cm große Quadrate schneiden. Ist die Teigplatte dafür zu klein, den Teig noch etwas ausrollen. Die Teigquadrate in die Mulden des Muffinblechs setzen, mit einer Gabel mehrmals einstechen, leicht mit Salz und Pfeffer würzen.

2 Die Zwiebeln schälen, vierteln und in Scheiben schneiden. Das Öl in einer Pfanne erhitzen und die Zwiebeln darin 1 bis 2 Minuten andünsten. Mit Salz, Pfeffer und Kräutern würzen.

3 Thunfisch abtropfen lassen. Erst den Thunfisch, dann die Zwiebeln auf dem Blätterteig verteilen. Die Törtchen im Ofen auf der mittleren Schiene 15 bis 20 Minuten goldgelb backen.

ZUTATEN

FÜR 12 STÜCK
1 Packung frischer Blätterteig
(ca. 275 g; Kühlregal)
Salz · Pfeffer aus der Mühle
3 weiße Zwiebeln · 1 EL Öl
getrocknete Kräuter der Provence
oder frische gehackte Petersilie
1 Dose Thunfisch naturell
(350 g Abtropfgewicht)

 ca. 20 Min.
+ 15–20 Min. Backzeit

 1 Muffinblech mit 12 Mulden

PAPRIKA-RICOTTA-TÖRTCHEN

1 Den Backofen auf 200 °C vorheizen. Die Mulden des Muffinblechs kalt ausspülen. Den Blätterteig in 12 etwa 8 ½ cm große Quadrate schneiden. Ist die Teigplatte dafür zu klein, den Teig noch etwas ausrollen. Die Teigquadrate in die Mulden des Muffinblechs setzen, mit einer Gabel mehrmals einstechen, leicht mit Salz und Pfeffer würzen.

2 Die Paprikaschoten längs halbieren, entkernen, waschen und in kleine Würfel schneiden. Die Frühlingszwiebeln putzen, waschen und in feine Ringe schneiden. Das Öl erhitzen und die Paprikawürfel darin 1 bis 2 Minuten andünsten. Die Frühlingszwiebeln untermischen und das Gemüse auf dem Teig verteilen.

3 Ricotta mit Ei, Parmesan und Kräutern verrühren, mit Salz und Pfeffer würzen und auf dem Gemüse verteilen. Die Törtchen im Ofen auf der mittleren Schiene 15 bis 20 Minuten goldgelb backen.

ZUTATEN

FÜR 12 STÜCK
1 Packung frischer Blätterteig
(ca. 275 g; Kühlregal)
Salz · Pfeffer aus der Mühle
2 rote Paprikaschoten
4–6 Frühlingszwiebeln
1 EL Öl · 250 g Ricotta
1 Ei · 3 EL Parmesan
1 EL gehackte Kräuter

 ca. 25 Min.
+ 15–20 Min. Backzeit

 1 Muffinblech mit 12 Mulden

GARNELENTÖRTCHEN

1 Den Backofen auf 200 °C vorheizen. Die Mulden des Muffinblechs kalt ausspülen. Den Blätterteig in 12 etwa 8½ cm große Quadrate schneiden. Ist die Teigplatte dafür zu klein, den Teig noch etwas ausrollen. Die Teigquadrate in die Mulden des Muffinblechs setzen, mit einer Gabel mehrmals einstechen, leicht mit Salz und Pfeffer würzen.

2 Das Gemüse putzen. Den Lauch in feine Ringe, die Paprika in kleine Würfel schneiden. Beides in 1 EL Öl etwa 1 bis 2 Minuten andünsten, leicht salzen. Die saure Sahne mit dem Ei verquirlen. Mit Salz und Pfeffer würzen, mit dem Gemüse mischen und auf dem Teig verteilen. Im Ofen auf der mittleren Schiene etwa 15 Minuten backen.

3 Garnelen abspülen und trocken tupfen. Mit Dill, Limettensaft, restlichem Öl und etwas Salz vermischen. Törtchen aus dem Ofen nehmen, die Garnelen daraufsetzen und weitere 5 Minuten backen.

ZUTATEN

FÜR 12 STÜCK
1 Packung frischer Blätterteig (ca. 275 g; Kühlregal)
Salz · Pfeffer aus der Mühle
½ Stange Lauch · ¼ rote Paprikaschote · 2 EL Öl · 150 g saure Sahne · 1 Ei · 100 g küchenfertige gegarte Garnelen · 1 EL gehackter Dill · 1–2 EL Limettensaft

 ca. 25 Min.
+ ca. 20 Min. Backzeit

 1 Muffinblech mit 12 Mulden

LACHSTÖRTCHEN

1 Den Backofen auf 200 °C vorheizen. Die Mulden des Muffinblechs mit kaltem Wasser ausspülen. Den Blätterteig in 12 Quadrate mit etwa 8½ cm Größe schneiden. Ist die Teigplatte dafür zu klein, den Teig noch etwas ausrollen. Die Teigquadrate in die Mulden des Muffinblechs setzen, mit einer Gabel mehrmals einstechen, leicht mit Salz und Pfeffer würzen.

2 Das Lachsfilet waschen, trocken tupfen und in kleine Würfel schneiden. Mit Zitronensaft beträufeln, mit Salz und Pfeffer würzen. Lachs mit den unaufgetauten Spinatwürfelchen auf den Blätterteig geben. Törtchen im Ofen auf der mittleren Schiene 15 bis 20 Minuten goldgelb backen.

ZUTATEN

FÜR 12 STÜCK
1 Packung frischer Blätterteig (ca. 275 g; Kühlregal)
Salz · Pfeffer aus der Mühle
450 g Lachsfilet (ohne Haut)
1–2 EL Zitronensaft
300 g Blattspinat (portionierbare Spinatwürfel; tiefgekühlt)

 ca. 20 Min.
+ 15–20 Min. Backzeit

 1 Muffinblech mit 12 Mulden

BRASILIANISCHE TEIGTASCHEN

Empadinhas heißen die knusprigen Teigtäschchen in Brasilien. Statt mit Hähnchen können sie auch mit Garnelen oder Hackfleisch gefüllt werden.

1 Für den Teig Mehl, Butter, Eier, Salz und Backpulver verkneten, zu einer dicken Platte formen und kühl stellen, bis die Füllung fertig ist.

2 Für die Füllung das Hähnchenfleisch waschen, trocken tupfen, in kleine Würfel schneiden und leicht salzen. Die Zwiebel und den Knoblauch schälen und in feine Würfel schneiden. Die Paprika entkernen, waschen und in kleine Würfel schneiden. Die Chilischote entkernen und sehr fein hacken. Das Koriandergrün waschen, trocken schütteln und hacken.

3 Das Öl in einer Pfanne erhitzen, Zwiebel, Knoblauch und Paprikawürfel darin etwa 1 Minute andünsten. Hähnchen und Chili hinzufügen und bei mittlerer bis starker Hitze etwa 3 Minuten braten. Mit Salz würzen, Koriandergrün unterheben.

4 Den Backofen auf 200 °C vorheizen. Den Teig zwischen zwei Lagen Backpapier ausrollen und daraus mit einer großen Ausstechform oder dem Rand eines Schälchens in passender Größe 12 Kreise mit etwa 11 cm Durchmesser ausstechen.

5 Die Teigstücke auf ein mit Backpapier belegtes Backblech legen. Die Hähnchenfüllung jeweils in die Mitte der Kreise geben. Die Teigränder mit etwas verquirltem Eigelb bepinseln, den Teig zu Halbmonden zusammenklappen und die Ränder fest zusammendrücken. Die Empadinhas mit verquirltem Eigelb bepinseln und im Ofen auf der mittleren Schiene etwa 20 Minuten backen.

ZUTATEN

FÜR 12 STÜCK

FÜR DEN MÜRBETEIG:
350 g Mehl
150 g klein gewürfelte Butter
2 Eier
1 TL Salz
1 TL Backpulver

FÜR DIE FÜLLUNG:
150 g Hähnchenbrustfilet
Salz
½ Zwiebel
1–2 Knoblauchzehen
½ rote Paprikaschote
½ Chilischote (nach Belieben; ersatzweise Pfeffer)
3–4 Stiele Koriandergrün
1 EL Öl

AUSSERDEM:
1 verquirltes Eigelb

 ca. 40 Min.
+ ca. 20 Min. Backzeit

+ VÖLLIG FLEXIBEL

OB ALS TRENDIGES PARTYFOOD ODER — MIT
SALAT SERVIERT — ALS KNUSPRIGES MITTAG-
ESSEN: DIE EMPADINHAS PASSEN IMMER!

TOMATEN-RUCOLA-QUICHE

Im Handumdrehen belegt und ab in den Ofen damit. Und falls was übrig bleibt, gibt es das am nächsten Tag zur Pause. Schließlich schmeckt der Gemüsekuchen auch kalt sehr lecker.

1 Den Backofen auf 180 °C vorheizen. Für den Quark-Öl-Teig das Mehl mit dem Quark, dem Ei, dem Öl, dem Salz und dem Backpulver zu einem geschmeidigen Teig kneten. Falls nötig, noch einige Löffel Wasser dazugeben. Den Teig zwischen zwei Lagen Backpapier auf Backblechgröße ausrollen und auf Backpapier aufs Blech legen.

2 Für den Belag die Tomaten waschen und halbieren. Den Rucola waschen, die Stiele fein hacken und beiseitelegen, das Grün in etwa 2 cm große Stücke schneiden. Tomatenhälften und Rucolagrün gleichmäßig auf dem Teig verteilen.

3 Die fein geschnittenen Rucolastiele mit dem Ziegenfrischkäse und den Eiern verrühren. Die Masse mit Salz und Pfeffer würzen und gleichmäßig über den Kuchen gießen. Die Quiche im Ofen auf der mittleren Schiene etwa 30 Minuten backen.

ZUTATEN

FÜR 1 BACKBLECH

FÜR DEN QUARK-ÖL-TEIG:
500 g Mehl
250 g Magerquark
1 Ei
100 ml Öl
1 TL Salz
1 Päckchen Backpulver

FÜR DEN BELAG:
400 g Cocktailtomaten
1 Bund Rucola
400 g Ziegenfrischkäse
4 Eier
Salz • Pfeffer aus der Mühle

 ca. 25 Min.
+ ca. 30 Min. Backzeit

STATT QUARK-ÖL-TEIG

Der Belag schmeckt auch auf dem Mürbeteig von den Paprikaschnitten (Rezept S. 179), blitzschnell geht's mit Blätterteig aus dem Kühlregal.

STATT TOMATE-RUCOLA

Zucchini oder grüner Spargel und Frühlingszwiebeln, aber auch Blattspinat und gewürfeltes Lachsfilet passen statt Tomaten und Rucola zum Ziegenkäseguss.

STATT ZIEGENKÄSE

Der Ziegenfrischkäse lässt sich durch Ricotta, Feta oder Doppelrahmfrischkäse ersetzen. Auch saure Sahne und Schmand sind möglich.

ZWIEBELKUCHEN

Mit milden Gemüsezwiebeln schmeckt dieser Kuchen eigentlich auch Kindern. Wer jedoch Bedenken hat, schiebt zusätzlich einen Mini-Kuchen aus Blätterteig mit dem Lieblingsbelag der Kids mit in den Ofen.

1 Den Backofen auf 200 °C vorheizen. Den Blätterteig auseinanderrollen. Die Backform mit dem Teig auslegen, dabei einen etwa 2 cm breiten Rand hochziehen. Dort, wo man Teigstücke aneinanderlegen muss, die Nahtstellen fest zusammendrücken. Den Teig mit einer Gabel mehrmals einstechen, damit er beim Backen schön aufgeht.

2 Die Zwiebeln schälen und halbieren, dann in feine Scheiben schneiden. Das Öl in einer Pfanne erhitzen und die Zwiebeln darin etwa 3 Minuten andünsten. Mit Salz, Pfeffer und Kräutern würzen.

3 Die Eier mit der Sahne, etwas Salz und Paprikapulver verquirlen. Den geriebenen Käse unterrühren. Das Ganze in der Pfanne mit den Zwiebeln mischen und auf dem Teig verteilen. Den Zwiebelkuchen im Ofen auf der mittleren Schiene etwa 45 Minuten backen.

ZUTATEN

**FÜR 1 BACKFORM
MIT 28 CM DURCHMESSER
1 Packung frischer Blätterteig
(ca. 275 g; Kühlregal)
500 g Gemüsezwiebeln
1 EL ÖL
Salz · Pfeffer aus der Mühle
getrocknete Kräuter der Provence
3 Eier
200 g Sahne
¼ TL Paprikapulver (edelsüß)
100 g geriebener Leerdamer
oder Gouda**

 **ca. 20 Min.
+ 45 Min. Backzeit**

GANZ EASY

MIT SALAT

Servieren Sie den Zwiebelkuchen mit Kopfsalat oder mit gemischten Blattsalaten. So wird er zu einem leckeren Mittag- oder Abendessen.

MIT SPECK

Würziger schmeckt der Zwiebelkuchen, wenn Sie 100 g gewürfelten Frühstücksspeck oder gekochten Schinken mit den Zwiebeln anbraten.

MIT LAUCH

Ersetzen Sie die Zwiebeln durch 3 Stangen in Ringe geschnittenen Lauch und nehmen Sie anstelle des Reibekäses 150 g Gorgonzola mit Mascarpone.

+ TIPP

DIE FÜLLUNG IST AUCH FÜR BLÄTTERTEIG-TASCHEN PERFEKT.

BÖREK MIT SPINAT-FETA-FÜLLUNG

Die türkischen Teigtaschen bestehen aus gefüllten Yufka- oder Filoteigblättern. Von dem hauchdünnen Teig werden mehrere Lagen übereinandergeschichtet und jeweils mit Fett bepinselt. Erst dann kommt die Füllung darauf.

1 Den Backofen auf 180 °C vorheizen. Ein Backblech mit Backpapier belegen.

2 Den Spinat verlesen, waschen, abtropfen lassen und fein hacken. Den Feta in feine Würfel schneiden oder mit einer Gabel zerdrücken. Spinat und Feta mischen. Mit etwas Salz und reichlich Pfeffer würzen. Die Walnüsse untermischen.

3 Fünf Teigblätter nacheinander auf einem großen Brett übereinanderlegen und dabei jeweils gleichmäßig mit Öl bepinseln. Die übrigen 5 Teigblätter ebenfalls mit Öl bepinseln und aufeinanderlegen. Beide Teigstücke jeweils in 4 gleich große Quadrate schneiden.

4 Auf die Mitte der 8 Teigquadrate jeweils etwas Spinat-Feta-Masse geben. Die Ränder der Teigstücke mit Eigelb bepinseln und die Quadrate zu Dreiecken falten. Die Ränder fest zusammendrücken. Die Oberfläche der Teigtaschen mit etwas Eigelb bepinseln und mit Schwarzkümmel bestreuen. Börek im Ofen auf der mittleren Schiene etwa 20 Minuten goldgelb backen.

Das passt dazu:

Der **türkische Joghurtdip Cacik** kommt auch bei Kindern gut an: 200 g Joghurt mit 10 % Fettgehalt in einer Schüssel mit 50 ml Milch verrühren. ½ Salatgurke schälen und in feine Würfel schneiden. 2 bis 3 Stiele Dill und 1 bis 2 Stiele Minze fein hacken und mit den Gurkenwürfeln unter den Joghurt mischen. Mit Salz und Pfeffer würzen.

ZUTATEN

FÜR 8 STÜCK
100 g Blattspinat
150 g Feta (Schafskäse)
Salz · Pfeffer aus der Mühle
4 EL gehackte Walnüsse
250 g Yufka- oder Filoteigblätter (10 Blätter)
ca. 5 EL Öl und 1 verquirltes Eigelb zum Bepinseln
Schwarzkümmel zum Bestreuen

 ca. 25 Min.
+ ca. 20 Min. Backzeit

MEDITERRANER GEMÜSEKUCHEN

Raffiniert, einfach und abwechslungsreich. Der Gemüsekuchen lässt sich nach Herzenslust mit Lieblingsgemüse variieren. Schmeckt auch kalt und lässt sich gut zur Pause oder zum Picknick mitnehmen.

1 Den Backofen auf 200 °C vorheizen. Den Blätterteig auseinander-rollen und in die Auflaufform legen.

2 Die Schalotten schälen und in feine Ringe schneiden. Die Paprika halbieren, entkernen und waschen, das Fruchtfleisch in kleine Wür-fel schneiden. Die Zucchini putzen, waschen und in kleine Würfel schneiden. Die Tomate waschen, halbieren und den Stielansatz ent-fernen, das Fruchtfleisch in Würfel schneiden.

3 Das Olivenöl in einer Pfanne erhitzen, Schalotten und Paprika darin bei schwacher Hitze etwa 5 Minuten andünsten. Die Zucchini, Tomate und Kräuter in die Pfanne geben, etwa 1 Minute mitdünsten und das Gemüse mit Salz und Pfeffer würzen.

4 Die Eier mit der Milch und dem Parmesan verquirlen. Die Pfanne vom Herd nehmen, die Eier-Käse-Milch zum Gemüse gießen und nur ganz kurz unterrühren. Die Mischung auf dem Teig verteilen. Den Gemü-sekuchen im Ofen auf der mittleren Schiene etwa 40 Minuten backen. Schmeckt warm und kalt.

ZUTATEN

**FÜR 1 AUFLAUFFORM
MIT CA. 40 × 20 CM
1 Packung frischer Blätterteig
(ca. 275 g; Kühlregal)
4 Schalotten
1 große gelbe Paprikaschote
1 Zucchini
1 Tomate
2 EL Olivenöl
3 EL fein gehackte Kräuter (z.B. Basilikum, Oregano, Rosmarin)
Salz • Pfeffer aus der Mühle
2 Eier
100 ml Milch
100 g grob geriebener Parmesan**

 **ca. 30 Min.
+ ca. 40 Min. Backzeit**

FAMILIENPIZZA MARGHERITA

Einer macht den Teig und wenn der ausgerollt ist, wird der Kühlschrank geplündert. Jeder bekommt seinen Platz auf der Pizza und darf sie mit Lieblingszutaten belegen. Ach, immer diese Entscheidungen! Vielleicht muss doch noch ein zweiter Pizzaboden her?!

1 Das Mehl in eine Schüssel füllen und eine Mulde hineindrücken. Die Hefe mit Zucker und lauwarmem Wasser verrühren. Die Hefemischung in die Mulde gießen, mit etwas Mehl bestäuben und zugedeckt etwa 15 Minuten gehen lassen.

2 Das Öl und 1 TL Salz zum Mehl geben und alles mit den Knethaken des Handrührgeräts zu einem glatten Teig kneten. Zugedeckt etwa 2 Stunden an einem warmen Ort gehen lassen.

3 Den Backofen auf 220 °C vorheizen. Ein Backblech mit Backpapier belegen. Den Teig nochmals durchkneten und auf dem Backpapier ausrollen, zum Schluss mit den Händen in Form ziehen.

4 Die Pizzatomaten oder das Tomatenpüree mit Salz, Pfeffer und den Kräutern würzen und den Teig damit bestreichen. Den Mozzarella in Scheiben schneiden und die Pizza damit belegen. Jetzt legt jeder noch seine Lieblingszutaten darauf. Die Pizza im Ofen auf der mittleren Schiene 15 bis 20 Minuten backen.

Das schmeckt alles auf der Pizza:

Das Grundrezept wird immer mit Pizzatomaten oder pürierten Tomaten bestrichen. Wer keinen Mozzarella auf der Pizza mag, kann ihn weglassen. Als Belag schmecken zum Beispiel – einzeln oder kombiniert mit anderen Zutaten – Salamischeiben, gekochter Schinken, Parmaschinken, Pilze, gebratene Paprika, Zucchini und Aubergine, Cocktailtomaten, Zwiebeln, Thunfisch, Muscheln, Garnelen, verschiedene Käsesorten, Rucola.

ZUTATEN

FÜR 1 BACKBLECH
300 g Mehl
15 g frische Hefe
½ TL Zucker
150 ml lauwarmes Wasser
3 EL Öl
Salz
300 g Pizzatomaten oder passierte Tomaten (Dose)
Pfeffer aus der Mühle
2 EL tiefgekühlte oder gefriergetrocknete italienische Kräutermischung
250 g Mozzarella

 ca. 25 Min.
+ ca. 2 ¼ Std. Gehzeit
+ 15—20 Min. Backzeit

MACH MIT ↑

REGISTER

A

Affen-Muffins 117

Amerikanische Brownies...................... 79

APFEL

Apfel-Marzipan-Rollen 129

Apfelstrudel (Variante)...................... 59

Apfeltarte mit Marzipan 100

Gedeckter Apfelkuchen...................... 55

Müsli-Knusper-Riegel 125

Schnelle Blätterteig-Apfelblüten .. 102

APRIKOSEN

Aprikosencrumble............................... 35

Birnen-Aprikosen-Kuchen vom

Blech 110

Spiegelei-Küchlein 133

B

Baguette, Walnuss- 175

Bananensplit (Variante) 38

Bananen-Walnuss-Kuchen.................. 38

BEEREN

Beerenkompott 45

Blätterteigherzen mit Erdbeeren 25

Brombeer-Himbeer-Schnitten 111

Eistörtchen... 119

Erdbeerkuchen mit Vanillecreme 95

Erdbeertorte 52

Heidelbeerkuchen mit Guss............101

Heidelbeer-Muffins 21

Himbeer-Cupcakes mit Frischkäse-

creme 23

Himbeertorte mit Mohnbiskuit 92

Käse-Tassenkuchen............................19

Schlemmerschnitten mit Johannis-

beeren 109

Birnen-Aprikosen-Kuchen vom

Blech... 110

Biskuit (Grundrezept) 10

BLÄTTERTEIG

Apfel-Marzipan-Rollen 129

Blätterteigherzen mit Erdbeeren 25

Garnelentörtchen............................ 164

Holländer Kirschschnitten...............56

Knallbonbons 128

Lachstörtchen 185

Lolli-Schnecken 128

Mediterraner Gemüsekuchen......... 192

Paprika-Ricotta-Törtchen 184

Portugiesische Vanilletörtchen........76

Ricottatörtchen 164

Schnelle Blätterteig-Apfelblüten .. 102

Schweinsöhrchen 129

Thunfischtörtchen 184

Zwiebelkuchen 189

Blümchen-Muffins............................. 118

Börek mit Spinat-Feta-Füllung 191

Brasilianische Teigtaschen 186

Brioches, französische 66

Brötchen, Quark-............................... 170

Brötchen, Sonntags-........................... 170

Brownies, amerikanische 79

Butter-Mandel-Kuchen 48

BUTTERMILCH

Buttermilchbrot mit Kernen 173

Scones aus Großbritannien 65

Sonntagsbrötchen 170

BUTTERPLÄTZCHEN

Grundrezept..................................... 146

Mandelkekse 147

Mohnsterne 147

Pistazienbäumchen........................ 147

Schokotaler 147

Walnussherzen 147

C

Cantuccini.. 72

— mit ganzen Mandeln (Variante) ... 72

— mit Trockenfrüchten (Variante) ... 72

Cashew-Muffins 21

Chocolate-Whoopies 29

Christstollen, Omi Uschis 165

Cranberry-Bömbchen.......................... 28

Cranberry-Taler (Variante)................ 130

Croissants, dreierlei 124

— mit Blätterteig (Variante) 124

— mit Nussfüllung (Variante)......... 124

E

Eistörtchen 119

ERDBEEREN

Blätterteigherzen mit Erdbeeren 25

Erdbeerkuchen mit Vanillecreme 95

Erdbeertorte 52

Erdnuss-Cookies 28

Eulen-Muffins.................................... 117

F

Familienpizza Margherita.................. 193

Flammkuchen mit Roter Bete und

Ziegenkäse 181

Florentiner, schnelle 143

Foccacia 178

— mit Oliven (Variante)...................178

— mit Tomaten (Variante)................178

— mit Topping (Variante)................178

Französische Brioches........................66

FÜLLUNGEN FÜR DOPPELDECKER (PLÄTZCHEN)

Gewürzte Pflaumenfüllung............148

Johannisbeer-Ingwer-Füllung 148

Lebkuchen-Nuss-Füllung..............148

Spitzbubenfüllung 148

Zwetschgen-Mohn-Füllung............148

G

Garnelentörtchen 185

Gazellenhörnchen, marokkanische 67

Geburtstagstorte mit Schokoguss-Kerzen 88

Gedeckter Apfelkuchen.....................55

Gemüsekuchen, mediterraner...........192

Glücksschweinchen 156

GRUNDTEIGE

Biskuit...10

Hefeteig 11

Mürbeteig 11

Rührteig 10

H

HAFERFLOCKEN

Cranberry-Bömbchen 28

Himbeer-Cupcakes mit Frischkäsecreme 23

Müsli-Knusper-Riegel 125

Quarkbrötchen 174

Schlemmerschnitten mit Johannisbeeren................................109

Schnelles Vollkornbrot 172

Hähnchenbrustfilet: Brasilianische Teigtaschen 186

HASELNUSS

Amerikanische Brownies 79

Knusprige Nussecken...................... 153

Hefeteig (Grundrezept) 11

Hefezopf mit Zuckerguss................... 44

Mohnzopf (Variante)......................... 44

Nusszopf (Variante)........................... 44

Rosinenzopf (Variante) 44

Heidelbeerkuchen mit Guss 101

Heidelbeer-Muffins..............................21

Herzige Ricotta-Mandel-Torte............. 87

Himbeer-Cupcakes mit Frischkäsecreme 23

Himbeertorte mit Frischkäsecreme (Variante) 92

Himbeertorte mit Mohnbiskuit...........92

Holländer Kirschschnitten 56

Honigkuchen 159

I / J / K

Ingwer-Gugelhupf 34

Joghurtdip, türkischer (Cacik) 191

Kalter Hund.. 35

Käsekuchen mit Mürbeteigboden 51

Käse-Tassenkuchen 19

Kekse, Rollen- (Grundrezept)............130

KIRSCHEN

Holländer Kirschschnitten 56

Schneewittchentorte 91

Schnelle Florentiner 143

Schokomousse im Glas......................33

Knallbonbons (Blätterteig)............... 128

Knusprige Nussecken 153

Kokosmakronen................................. 142

Kuhflecken-Mini-Kuchen 122

KÜRBISKERNE

Buttermilchbrot mit Kernen 173

Schnelles Vollkornbrot 172

L

Lachstörtchen 185

Lebkuchen, Walnuss 150

Limettentarte, sommerfrische............96

Linzer Schnitten mit Johannisbeer-gelee 162

Lolli-Schnecken (Blätterteig)........... 128

M

Mandarinentorte mit Mascarpone-creme... 134

MANDELN

Amerikanische Brownies 79

Cantuccini (mit ganzen Mandeln) ...72

Herzige Ricotta-Mandel-Torte 87

Knusprige Nussecken...................... 153

Linzer Schnitten mit Johannisbeer-gelee... 162

Mandelkekse 147

Marokkanische Gazellenhörnchen....67

Omi Uschis Christstollen................ 165

Schnelle Florentiner 143

Schokoladenbrot mit Mandeln 161

Schokoladentorte mit Mandeln...... 94

Schoko-Mandel-Taler (Variante)....130

Spritzgebäck mit Schokolade 160

Vanillekipferl................................... 142

MANGO

Mangodip 45

Mangokuchen im Glas...............33

Sahneschnittchen........................106

Marmorkuchen mit Schokoguss 43

Marokkanische Gazellenhörnchen......67

MARZIPAN

Apfel-Marzipan-Rollen 129

Apfeltarte mit Marzipan 100

Birnen-Aprikosen-Kuchen vom

Blech 110

Kokosmakronen 142

Marzipan-Engel und Stern-

männchen 156

Marzipanpralinen 156

MASCARPONE

Himbeertorte mit Mohnbiskuit 92

Mandarinentorte mit

Mascarponecreme.........................134

Mangokuchen im Glas...................33

Mazurek, polnischer 74

Mediterraner Gemüsekuchen............ 192

Milchrahmstrudel, schneller 59

Mini-Hörnchen (Variante) 122

Mini-Kuchen, Kuhflecken-................ 122

MOHN

Dreierlei Croissants 124

Himbeertorte mit Mohnbiskuit 92

Mohnsterne..................................... 147

Mohnzopf (Variante Hefezopf) 44

Schnelle Mohnmonde 151

MUFFINS

Affen-Muffins.................................. 117

Blümchen-Muffins 118

Cashew-Muffins...............................21

Eulen-Muffins 117

Heidelbeer-Muffins 21

Himbeer-Cupcakes mit Frischkäse-

creme 23

Mürbeteig (Grundrezept) 11

Müsli-Knusper-Riegel....................... 125

N/O

New York Cheesecake 80

Chocolate Cheesecake (Variante)... 80

— mit Fruchtkompott (Variante) 80

— mit Fruchtpüree (Variante).......... 80

Nussecken, knusprige........................ 153

Nussrolle (Variante Hefezopf)............ 44

Obstkuchen (Variante Butter-Mandel-

Kuchen) 48

Omi Uschis Christstollen 165

P

Paprika-Ricotta-Törtchen 184

Paprikaschnitten 179

Pistazienbäumchen 147

Plätzchen, Butter-..............................146

Polnischer Mazurek...........................74

Portugiesische Vanilletörtchen..........78

Q

QUARK

Blümchen-Muffins 118

Heidelbeerkuchen mit Guss............101

Käsekuchen mit Mürbeteigboden....51

Käse-Tassenkuchen...........................19

Knallbonbons (Blätterteig)...........1798

New York Cheesecake....................... 80

Quarkbrötchen 170

Sahneschnittchen...........................106

Schneewittchentorte.........................91

Schneller Milchrahmstrudel 59

Tomaten-Rucola-Quiche 188

Watruschki 73

R

RICOTTA

Herzige Ricotta-Mandel-Torte 87

Paprika-Ricotta-Törtchen...............184

Ricottatörtchen 184

Rollenkekse (Grundrezept) 130

ROSINEN

Apfelstrudel (Variante).......................59

Gedeckter Apfelkuchen.....................55

Omi Uschis Christstollen............... 165

Rosinenzopf (Variante Hefezopf)... 44

Schneller Milchrahmstrudel 59

Rucola: Tomaten-Rucola-Quiche 188

Rührteig (Grundrezept) 10

S

Sahneschnittchen 106

Schlemmerschnitten mit Johannis-

beeren 109

Schneewittchentorte 91

Schnelle Blätterteig-Apfelblüten 102

Schnelle Florentiner............................ 143

Schnelle Mohnmonde....................... 151

Schneller Milchrahmstrudel................59

Schnelle Schokomousse

(Variante) 33

Schnelles Vollkornbrot 172

SCHOKOLADE

Amerikanische Brownies 79

Brombeer-Himbeer-Schnitten 111

Chocolate Cheesecake (Variante)... 80

Kalter Hund.................................35

Schnelle Schokomousse 33

Schoko-Cantuccini (Variante)..........72

Schokohäppchen 156

Schokoherzen mit Knusper-Topping.................................140

Schoko-Knusper-Konfekt (Variante)...............................140

Schokoladenbrot mit Mandeln 161

Schokoladentorte mit Mandeln...... 94

Schokolinsen-Sweeties (Variante) 130

Schoko-Mandel-Taler (Variante)....130

Schokomousse im Glas....................33

Schokotaler 147

Schoko-Tassenkuchen 20

Spritzgebäck mit Schokolade 160

Schwedische Zimtschnecken 68

Schweinsöhrchen 129

Scones aus Großbritannien 65

Sommerfrische Limettentarte 96

SONNENBLUMENKERNE

Buttermilchbrot mit Kernen 173

Schnelles Vollkornbrot 172

Sonntagsbrötchen 170

Sonntagsbrötchen...........................170

Spiegelei-Küchlein 133

Spritzgebäck mit Schokolade............160

Sternmännchen (Marzipan) 156

Stollen, Christ- 165

Streuselkuchen (Variante Butter-Streusel-Kuchen).................. 48

STRUDEL

Apfelstrudel.........................59

Schneller Milchrahmstrudel 59

Süße Waffeln..................................45

T

Tarte, Apfel-, mit Marzipan...............100

TASSENKUCHEN

Käse-Tassenkuchen..........................19

— mit Eischneedecke (Variante).......19

— mit Krümelboden (Variante).........19

Schoko-Tassenkuchen 20

— Double Chocolate (Variante)....... 20

— mit Kirschen (Variante)............... 20

— mit Kuvertüre(Variante)............. 20

Teigtaschen, brasilianische............... 186

Thunfischtörtchen 184

Tomaten-Rucola-Quiche 188

V

Vanillekipferl 142

Vanilletörtchen, portugiesische..........78

Vanille-Whoopies 29

Versunkener Zwetschgenkuchen....... 50

Vollkornbrot, schnelles........................172

W

Waffeln, süße 45

WALNUSS

Bananen-Walnuss-Kuchen 38

Börek mit Spinat-Feta-Füllung......191

Müsli-Knusper-Riegel 125

Schnelles Vollkornbrot 172

Walnussbaguette 175

Walnussherzen 147

Walnusslebkuchen mit Zucker-guss 150

Watruschki...................................... 73

WHOOPIES

Chocolate-Whoopies.....................29

Vanille-Whoopies.............................29

Z

Zimtschnecken, schwedische.............68

Zwetschgenkuchen, versunkener 50

Zwiebelkuchen...................................189

— mit Speck (Variante)...................189

— mit Lauch (Variante)...................189

BASTELANLEITUNGEN

Apfeltischkarten......................................98

Brotbackmischung im Glas 176

Einladungskarte 76

Geschenkverpackung „Herd" 46

Kuchengirlande................................36

Lebkuchenhaustüten......................... 154

DIE AUTORIN: CHRISTIANE KÜHRT

Multitasking ist für Christiane Kührt ein Kinderspiel. Die freie Journalistin und Autorin mit dem Schwerpunkt Ernährung, Essen & Trinken arbeitet als Redakteurin für „Eltern" und „Eltern family", konzipiert Broschüren für Unternehmen der Lebensmittelbranche und schreibt für diverse Online-Verlage. Und sie ist eine leidenschaftliche Bäckerin. Für das Yummy-Backbuch gibt sie ihre lang gehüteten Familienrezepte preis und hat viele neue Rezepte dafür entwickelt.

DANKE

Für die weit über 100 Rezepte in diesem Buch braucht man Testesser, die sich nicht vor Kalorienbömbchen fürchten. Wie gut, dass es in unserem Mehrgenerationenhaus genügend davon gibt. Danke an meinen Mann Andreas, meine Kids Annika und Tobias, meine Mutter Uschi und meine Schwester Claudia, die – allzeit bereit – für die geschmackliche und optische Feinabstimmung sorgten. Die Zusammenarbeit mit Projektleiterin Eva Hege war herrlich unkompliziert mit konstruktiven Anregungen und einem offenen Ohr für Wünsche und Vorschläge. Margarethe Brunner bleibt meine Wunsch-Lektorin, weil sie mit viel Gefühl und wachen Augen an Texte und Rezepte herangeht. Ein besonderes Dankeschön gilt meinem Lieblings-Fototeam: Julia Hoersch, an deren Fotos man sich im wahrsten Sinne des Wortes nicht sattsehen kann. Nicole Reymann, die die Rezepte zum Reinbeißen aussehen lässt. Und Katja Graumann, die mit ihren liebevollen Details den Fotos das gewisse Etwas gibt. Von ihr sind auch die entzückenden Kreativseiten und Illustrationen, die dieses Buch bereichern. Ein herzliches Danke auch an die Kinder-Küche Hamburg für die Bereitstellung der Räumlichkeiten und die Mitarbeit beim Shooting der Kids-Moodfotos. Und ein dickes Dankeschön an die kleinen Models Finja, Adele und Arthur sowie Lavinia und Leander, die alle einen super Job gemacht haben.

IMPRESSUM

© 2017 ZS Verlag GmbH
Kaiserstraße 14 b | D-80801 München

ISBN 978-3-89883-684-5
1. Auflage 2017

Projektleitung: Eva-Maria Hege
Rezepte & Texte: Christiane Kührt
Lektorat: Margarethe Brunner
Grafische Gestaltung: Seidldesign, Irene Schulz
Fotografie: Julia Hoersch (außer Cover oben rechts: StockFood/Sabine Mader)
Foodstyling: Nicole Reymann
Styling, Illustrationen und Bastelanleitungen: Katja Graumann
Herstellung & Producing: Jan Russok
Druck & Bindung: optimal media GmbH, Röbel

Im Buch enthaltene Foodfotos können zur eigenen Nutzung erworben werden unter www.stockfood.com

Die ZS Verlag GmbH ist ein Unternehmen der Edel AG, Hamburg. www.zsverlag.de | www.facebook.com/zsverlag

DOWNLOAD

Alle Bastelvorlagen können Sie sich
auf www.zsverlag.de herunterladen.

Auf den Geschmack gekommen?

Da wird Kochen zum Lieblings-Familien-event: über 140 alltagstaugliche Rezepte — einfach lecker und ganz einfach.

Susanne Klug
Yummy! — Lieblingsrezepte
für die ganze Familie
€ [D] 19,99
ISBN 978-3-89883-525-1

Happy Birthday — lecker für die Kinder, entspannt für die Eltern und ein großer Spaß für alle.

Christiane Kührt
Ganz easy Kindergeburtstag
€ [D] 14,99
ISBN 978-3-89883-633-3

Gleich weiterkochen!

Jetzt überall, wo es gute Bücher gibt.